专家解读百姓常用法律丛书

甘培忠解读企业与公司法

甘培忠　著

中国社会出版社

图书在版编目（CIP）数据

甘培忠解读企业与公司法 / 甘培忠著．—北京：中国社会出版社，2011.4

（专家解读百姓常用法律丛书）

ISBN 978-7-5087-3519-1

Ⅰ．①甘…　Ⅱ．①甘…　Ⅲ．①企业法—基本知识—中国②公司法—基本知识—中国　Ⅳ．①D922.291.91

中国版本图书馆 CIP 数据核字（2011）第 032553 号

丛 书 名：专家解读百姓常用法律丛书
书　　名：甘培忠解读企业与公司法
著　　者：甘培忠
责任编辑：张耀文

出版发行：中国社会出版社　　**邮政编码**：100032
通联方法：北京市西城区二龙路甲 33 号
电话：编辑部：(010)66088776
邮购部：(010)66060275
销售部：(010)66080300　传真：(010)66051713
(010)66051698　传真：(010)66080880
(010)66080360　(010)66063678

网　　址：www.shcbs.com.cn
经　　销：各地新华书店

印刷装订：北京京海印刷厂
开　　本：140mm×203mm　1/32
印　　张：7.25
字　　数：128 千字
版　　次：2011 年 4 月第 1 版
印　　次：2014 年 7 月第 2 次印刷
定　　价：14.50 元

百姓维权的利器

——写在《专家解读百姓常用法律丛书》出版之际

百姓是国家的主人，是建设法治国家、法治社会的基础。一位哲人曾说：实现法治之难，不在于法律的不完备，而在于公众对法律的漠视。全国人民代表大会于 1999 年 3 月 15 日庄严地通过《中华人民共和国宪法修正案》，将“实行依法治国，建设社会主义法治国家”规定为治国基本方略。但是十多年过去了，众多公民在自己的合法权利受到不法侵害时仍然感到茫然，不懂得通过合法的途径维护自己的合法权利，或屈服于强者，或奔走上访，或采取以暴制暴、以恶惩恶的手段。诸如，某地数百名农民承包的耕地被非法侵占了，大多数受害者默然忍受，少数受害者愤起阻拦，却被强占土地的当局拘押而不知寻求法律帮助；许多消费者在购物或进行其他消费后不向经营者索要发票，当发现缺陷或瑕疵需要证据维权时，因没有证据只好放弃维权；众多农民工与雇主没有签订劳动合同，发生拖欠工资或发生其他纠纷时，便陷入被动，难以维护自己的合法权利；许多农民兄弟在医院诊治病患时，不要求医生书写病历，一旦发生医患纠纷就提不出证据；许多人的人身在公交车或商场、饭店受到侵害，不知道要求经营者承担相应的赔偿责任；一些企业或个人对行政机关不符合法律规定的罚款、扣销执照、行政拘役等措施不服，却不知如何应对；不少地方的水资源、土地受到严重污染，而当地居民却没有运用法律武器制止污染者的违法行为并要求给予赔偿；如此等等。许许多多不法侵害的案例令我们义愤填膺；许许多多不懂得用合法途径"维权"的案例令我们扼腕叹息。由此，激发我们撰写出版供百姓维护合法权利的丛书。

我国正处于经济快速发展、社会巨大转型的历史时期。这个历史时期的特点是利益多元化、矛盾复杂化。要平衡各方利益、化解社会矛盾、维护社会稳定，就需要切实推行依法治国方略，在全社会弘扬法治精神，强化法治观念，形成依法管理国家和社会各项事务、依法解决纠纷、依法维护权利、尊重法律权威、尊重司法裁判的社会风气。而要实现这一目标的根本途径，是在全社会广泛深入地开展"学法律，讲权利，讲义务，讲责任"的活动。正是基于此，国家从1985年开始实施全民普法教育活动。20多年来，有关部门和有关单位借助图书、期刊、电视、广播、互联网等传播手段为公众提供了许许多多的普法材料。但是，著名的、权威的法律专家亲自撰写的普法类的图书却不多见。其原因有二：一是这些专家忙于本职工作，或致力于教书育人，或致力于立法、司法、研究工作；二是这些专家的注意力大多瞄准高端的学术性问题，或者社会的焦点、热点问题。为了给公众提供高质量、高水平的普法读本，在中国社会出版社的大力支持下，我们邀请了一批在国内外有影响的著名法学教授、法律专家就自己研究最为深透的法律进行解读，形成《专家解读百姓常用法律丛书》，奉献给广大人民群众。需要说明的是，由于各位专家根据自己工作的轻重缓急安排写作进度，十多本图书不可能同时完成，故丛书将陆续出版。我们殷切期望这套丛书成为广大人民群众维护自己合法权利的利器！

最高人民法院原副院长李国光同志和全国人大常委会委员、内务司法委员会副主任委员陈斯喜同志对这套丛书的策划、编写给予了很多指导；中国社会新闻出版总社米有录总编辑、宋珊萍和浦善新副总编辑对这套丛书的编辑、出版给予了很大的支持和帮助；中国社会出版社的编辑张耀文同志为这套丛书付出了辛勤的劳动。在此，谨对上述同志以及其他对这套丛书的编写、编辑和出版、发行工作做出贡献的同志表示以衷心的感谢！

曹三明

2010 年 10 月 15 日

目　　录

第一章　企业与企业法

一、何谓企业?

企业是现代社会人类使用频率最高的词语之一，它是指依法成立并具备一定的组织形式，以盈利为目的，专门从事商业生产经营活动和商业服务的经济组织。从企业存在的社会性质和功能的角度来看，企业所从事的活动主要是经济活动，因而是一种经济组织。从企业活动的方式上讲，企业的行为具有连续性、专门性以及住所和字号及服务表示品牌识别性和独立性的特点。从企业生存和发展的目的来看，企业以盈利为其活动宗旨，通过具体业务活动以求利润的实现。从企业存在的法律条件来看，企业必须依法成立和运行，并且必须具备一定的法律形式。虽然在市场经济国家和非市场经济国家存在一定差别，而且程序繁简、管辖机关各有不同，但是世界各国均通过法律对企业进行保护和规制。我国目前对于企业的成立已经确定了准则设立制度，实践中也称“注册制”，企业经营的业务中如有法律规定必须报政府有关机关批准的，要求在企业注册前或者注册后，办理政府机关的批准手续，特定行业的企业由国家特许设立，如造币局或国有资产管理公司。

对企业的分类有多种标准，例如，按照所有制标准，可以划分为国有企业、集体所有制企业、混合所有制企业与私营企业；按照企业资本金的来源标准，可以划分为外商投资企业与内资企业。企业分类标准中最为重要的是以企业法律形式为标准的分类，而企业法律形式主要是基于自然人投资是单独进行或是联合进行而划分的。根据我国企业法律的规定，主要的企业类型有独资企业、合伙企业与公司企业。其中，按照投资人承担责任的方式不同，合伙企业又分为普通合伙企业、特殊的普通合伙企业与有限合伙企业。按照公司组织形态与股东责任的不同，公司企业又分为有限责任公司与股份有限公司，其中，有限责任公司中还有着一人公司的特殊构成。

独资企业是指由一个自然人单独投资并经营，企业不取得法人资格，法律上不要求企业有最低资本金，业主对企业的债务承担无限责任的企业。它是企业组织形式中最简单和最古老的形式。

普通合伙企业在许多国家和地区又称为合伙或商事合伙，是指由二人以上按照合伙协议共同投资（各自提供资金、实物、技术、营业场所、劳务、技能、信誉等）、共同经营、共享权益、共负盈亏的企业。普通合伙企业在法律上仍被视为自然人、法人之间的联合经营形式，企业没有独立于合伙人的法律主体资格。

公司则是指以盈利为目的，由一个股东单独投资组建或者特定人数的股东联合投资组建，股东以其投资额为限对公司负责，公司以其全部财产对外承担民事责任。公司一经登记成立，便具有法人资格。

二、独资企业与个体工商户有什么不同?

《个人独资企业法》[①] 将独资企业定义为：依照该法在中华人民共和国境内设立，由一个自然人投资，财产为投资人所有的盈利性经济组织。《民法通则》规定，公民在法律允许的范围内，依法经核准登记，从事工商业经营的，为个体工商户。独资企业与个体工商户的投资主体都是自然人，在投入资产时实行申报制，无须经过法定的验资机构验资。同时，两者都必须以个人或者家庭财产对债务承担无限责任，因此不强调对作为出资的实物、知识产权、非专利技术和土地使用权的实际缴付。

那么，独资企业与个体工商户有以下区别：

第一，两者在设立条件上的法律要求不同。

独资企业必须具有合法的企业名称，企业名称要与其责任形式及从事的营业相符合，不得使用“有限”、“有限责任”或者“公司”字样。而个体工商户是否采用字号名称，完全由经营者自行决定，法律、法规无特别要求。同时，独资企业必须具有固定的生产经营场所和必要的生产经营条件及从业人员。而个体工商户无此限制，从事客货

---

① 本书引用的法律，凡冠有“中华人民共和国”的，均采用简称。如《中华人民共和国个人独资企业法》简称《个人独资企业法》、《中华人民共和国公司法》简称《公司法》。

运输、贩运以及摆摊设点、流动服务的个体工商户无须固定的经营场所。可见，合法的企业名称和固定的生产经营场所是独资企业的成立要件，但不是个体工商户的成立要件。

第二，两者的所有权与经营权关系不同。

独资企业的投资者与经营者可以是不同的人，投资者可以委托或聘用他人管理独资企业事务；而个体工商户的投资者与经营者是同一主体，都必须是投资设立个体工商户的自然人。由于个体工商户的所有权与经营权是集于投资者一身的，只能适用于小规模的经营主体。

第三，两者的法律地位不同。

在民事、行政、经济法律制度中，独资企业是其他组织或其他经济组织的一种形式，能以企业自身的名义进行法律活动。而个体工商户的法律行为能力往往受到一定的限制，一般只能以公民个人名义进行法律活动。

独资企业可以设立分支机构，也可以委派他人作为独资企业分支机构负责人。这一规定表明，独资企业不但可以在登记管理机关辖区内设立分支机构，也可以在异地设立分支机构，由设立该分支机构的独资企业承担责任。个体工商户则不能设立分支机构，同时，个体工商户虽然可以异地经营，但随着各地近年来相继简化外来人员的登记手续，从而使个体工商户的异地经营这一规定逐渐淡化。可以看出，独资企业的总体规模一般大于个体工商户。

独资企业享有企业名称专用权，其企业名称可以依法转让。而个体工商户的字号名称一般不能转让。

独资企业享有广泛的经营自主权，包括依法申请贷款权、取得土地使用权、外贸经营权、获得有关技术权、广告发布权、商标印制权、招用职工权等。而个体工商户在土地使用、外贸经营、广告发布、商标印制及招用职工等权利上受到一定的限制。

独资企业可以成为公司的股东，从而以企业名义享有公司股东的权利和义务，而个体工商户一般不能以商户的名义作为公司股东，只能以个人投资者（自然人）身份成为公司股东。

第四，两者在财务制度和税费政策上的要求不同。

这是投资者最为关心的问题。根据《个人独资企业法》的规定，独资企业必须建立财务制度，以进行会计核算，财务制度是独资企业成立的必备条件。而从目前的执法情况看，个体工商户可以按照税务机关的要求建立账簿，如税务部门不作要求的，也可以不进行会计核算。同时，在税费政策方面，企业所得税改革以后，独资企业与个体工商户都需要缴纳个人所得税。但是，目前税务部门认定一般纳税人和小规模纳税人的标准并不是以企业的市场主体地位不同而划分的，一般来说，个体工商户较难认定为一般纳税人，而独资企业如符合条件则可以认定为一般纳税人。同时，个体工商户除依法纳税外，还需要向工商行政机关缴纳一定比例的管理费。

第五，两者承担民事责任的时效期间不同。

独资企业解散后，原投资人对企业存续期间的债务仍应承担偿还责任，但债权人在5年内未向债务人提出偿债请求的，该责任消灭。独资企业应当承担民事赔偿责任和缴纳罚款、罚金，其财产不足以支付的，应当先承担民事赔偿责任。而个体工商户偿还债务的时效期间及承担责任的先后顺序无特别规定，适用《民法通则》中有关2年的诉讼时效。

第六，两者的清算程序不同。

独资企业解散，由投资人自行清算或者由债权人申请人民法院指定清算人进行清算。个体工商户歇业时无须经过清算程序，只需向原登记机关办理歇业手续，缴销营业执照即可。

事实上，独资企业是按照企业的法律形式进行分类的结果，而个体工商户则是按照企业的经济成分进行分类，它们之间并非在所有方面都具有可比性。但是，根据权利义务对等的原则，法律赋予独资企业享有更多的权利，也因此需要承担更多的义务。总的来说，独资企业是符合现代企业制度的一种形式，比起个体工商户而言，更容易做大做强。

三、独资企业和一人公司是一个概念吗？

独资企业是自然人的一种特殊形式，是自然人的权利能力和行为能力在商业领域中的延伸，其主体事实上是投资业主本身。尽管独资企业可以有字号或商号，领取营业执照，刻制公章，并以企业的名义与外界发生经济交往，但是这种活动的实质是特定的自然人和私人资本家以法律许可的方式与他人进行民事联系，该自然人承担一切相关后果，并享受因此而产生的权益。在民商分立的国家，这种自然人被称为商人或商自然人、商自然人主体等。由此，可以说独资企业是企业的一种法律形式，也可以说是自然人的一种特殊类型。

2005年10月我国修订后的《公司法》正式确认在有限责任公司中允许一人公司的合法存在，其范围有法人投资设立的一人公司和自然人投资设立的一人公司两种，股份有限公司尚不允许成立一人公司。独资企业与一人公司有两方面的共同点：一是这两种类型的企业的投资者均为一个主体，公司企业全资控有另一个公司的情况虽不同于自然人但也属于一人公司范畴；国有独资公司在我国公司法上有特别规定，不属于一人公司；二是它们都是盈利性的经济组织。

一个自然人投资设立的一人公司与独资企业在外观上十分相似，但独资企业实际上是自然人的延伸，而作为公司企业的一种类型，一人公司是不同于投资人的另一独立主体，两者在法律地位上存在本质的区别。

相比较而言，一人公司的最大特点在于个人投资人只对企业以投资额负责，股东的风险大大降低了。但既然是公司，就会有资本金的要求，这对投资者也是一种条件的限制。根据我国法律的规定，一人公司的最低注册资本额为10万元，并且必须一次缴清，不得分期缴纳。如果所经营的事业规模不大，需要资金也不多，风险不大或是能得以有效控制，投资者就没有必要兴办一人公司，而可以选择独资企业。独资企业较一人公司来讲，商业信誉好、灵活，政府干预和管制少。鉴于此，独资企业作为最小规模的一种企业形式，适应了人类社会生活的多层次需求而成为商业常青之树，延续至今，即使在发达的资本主义国家和地区，也有相当的发展规模。

它们的不同点有四方面：一是从法律主体上看，独资企业没有法人资格，一人公司则相反，一经设立便具有法人资格；二是从财产关系上看，独资企业没有注册资本，没有属于法律意义上的自己的财产，一人公司按公司法要求得有注册资本，公司独立拥有财产；三是从责任形式上看，独资企业的业主对企业的债务承担无限责任，一人公司的股东对公司债务只负有限责任；四是从税收征纳体制上看，独资企业不是独立的纳税主体，业主应当将各种收入包括来自于独资企业的收入合并缴纳个人所得税，一人公司则是独立的纳税主体，股东的股利收入要完成公司所得税和个人所得税两次征收。

一人公司只有唯一的投资者，该投资者具有完全的决策权，但是却享有有限责任的保护，这无疑增加了债权人和社会的风险。基于风险防范的考虑，新《公司法》在允许一人公司存在的同时，也对其作出了较为严格的条件限制，除了提高最低注册资本门槛之外，还规定了一个自然人只能设立一个一人公司（撒豆成兵），而自然人所设立的一人公司不得再设一人公司（鸡生蛋、蛋生鸡）。由于一人公司没有必要成立股东会，为了在最大可能性上确保公司与其唯一股东拉开距离，不使公司成为股东任意拿捏和玩弄的敛财工具，《公司法》规定股东作出相当于股东会的决议必须采用书面形式，由股东签字后置备于公司；每一会计年度终了时必须编制财务会计报告，并经过会计师事务所审计。同时，为了保障一人公司交易的当事人的合法权益，法律规定一人公司的股东承担证明自己的财产与公司的财产是分别独立的举证责任；如果不能证明，股东需要对公司的债务承担连带责任，实际上相当于独资企业的无限责任。

可以看出，法律允许设立一人公司，但是，在提供有限责任保护之外，一人公司也并非没有需要进一步考虑的地方，首先，注册资本必须是10万元，这比起一般有限责任公司最低3万元且可以分期缴付的门槛要高了。其次，一人公司在财务监督制度上也更为严格，仅会计师事务所的审计费就是不小的开支，因此创办成本会比较高昂。最后，即使是成功创办了一人公司，也要注意将个人财产与公司财产分开，以避免财产混同后承担无限责任。

四、如何设立独资企业?

设立独资企业首先需要满足法律规定的条件，同时还必须经过商业登记。就其设立的条件和程序而言，独资企业比合伙企业和公司企业要宽松一些。

（一）独资企业的设立条件

设立独资企业须具备以下条件：

第一，投资者须为享有完全民事行为能力且从事商业活动不受法律限制的自然人。

一般而言，法律、行政法规、国务院决定禁止从事商业活动的人不得设立独资企业。例如，立法机关、行政机关、司法机关的工作人员以及现役军人。同时，独资企业的投资者必须为一个自然人。就资本的拥有关系看，不存在两个以上的投资主体之间的联合；就投资主体的形态讲，任何法人组织或其分支机构不可以成为独资企业的投资人，国家也不是独资企业的投资主体。此外，由于我国现行的企业法律体制对内资企业和外商投资企业区别规定，故境外的自然人单独在中国境内投资设立企业，有法人资格的为有限责任公司，无法人资格的为外商独资企业，在法律没有实现并轨的情况下，外商独资企业应首先适用《外资企业法》并参照适用《个人独资企业法》。

第二，要有合法的企业名称。

我国《个人独资企业法》第十一条规定："个人独资企业的名称应当与其责任形式及从事的营业相符合。"由于独资企业的业主须对企业债务承担无限责任，故在企业名称中不可以出现"有限"或"有限责任"的字样。2000年1月13日原国家工商局发布的《个人独资企业登记管理规定》第六条规定，个人独资企业的名称中不能使用"公司"的字样。同时，独资企业一般来讲是中小企业，千百年来这种企业在连绵的人类社会生活中就使用的商号和其经营之行业间建立了恒久的称谓联系，如经营旅客住宿的行业往往选用"旅店"、"客栈"，经营餐饮业的称为"饭馆"、"酒家"、"茶社"，经营产品制造业的叫"厂"，等等，所谓独资企业的名称与其从事的行业相符合正是如此。

第三，有投资人申报的出资。

在独资企业体制下，投资人得申报其必要的与其申办企业规模相当的经营资金，该经营资金不是注册资本，只是经营的条件，而不具有对债权人给予担保的效力。因此，从理论上说，法律并没有对独资企业的设立规定最低的投资数额标准，但投资人必须申报其向独资企业的投资资金的数额，投资人只需投资1元钱即可以成立个人独资企业，工商登记机关不得拒绝登记。

第四，有固定的生产经营场所和必要的生产经营条件。

第五，有相对满足其经营业务开展需要的从业人员。

（二）独资企业的设立登记

独资企业自注册登记并领取个人独资企业《营业执照》之日起成立。在我国香港特别行政区，独资企业可先成立并进行营业，而于成立后1个月内完成登记，登记时以及每年换取牌证时只缴纳1150元港币即可继续营业。我国内地则不然，只有经先登记成立，才可进行营业。

独资企业登记成立时，业主须提交下列文件：

第一，由投资人签署的《个人独资企业设立申请书》。

该登记申请书上要记载的主要事项有：（1）企业名称；（2）企业主要经营场所的位置；（3）投资人的投资额、投资方式；（4）企业的经营范围；（5）业主的姓名与住所；（6）企业经营期限；（7）业主的签字及业主聘用的企业主要负责人的姓名及签字。个人独资企业投资人以个人财产出资或者以其家庭共有财产作为个人出资的，应当在《个人独资企业设立申请书》中明确记载。

第二，业主的个人身份证明。

第三，生产经营场所使用证明。

业主委托他人代理办理企业登记事宜的，须提交委托书和代理人的身份证明或资格证明。此外，独资企业所从事的业务属于法律、行政法规或者国务院决定规定须经有关政府机构审批的，应于登记申请时提交批准文件。

经登记机关作法律审核和形式审核，对符合条件规定即予以登记，并发给个人独资企业《营业执照》，企业于当日成立。独资企业要设立分支机构的，应在分支机构所在地的企业登记机关申请登记，领取个人独资企业分支机构《营业执照》。

五、中外合资经营企业与中外合作经营企业有什么区别?

M市市政府规划将机床制造业作为本市的支柱产业，拟吸引外商投资或者技术支持，与当地的两大机床厂合作，把这一产业做大做强。在成功地招商引资后，虽然都是以场地和设备出资，两个机床厂与外商的合作却采用了两种不同的形式，甲厂最终申报审批的是设立中外合资经营企业，而乙厂最终申报审批的是设立中外合作经营企业，这两者究竟有什么区别？在选择时需要考虑哪些要素呢？

中外合资经营企业（以下简称合资企业）与中外合作经营企业（以下简称合作企业）都属于外商投资企业，是外国企业、公司和其他经济组织或个人，按照平等互利原则，经中国政府批准在中国境内同中国的公司、企业或者其他经济组织共同投资、共同经营管理、共享利益、共担风险的企业，只不过中外合资经营企业是股权型合营，而中外合作经营企业是契约型合营。基于这一本质区别，两者在以下方面呈现出了具体的不同：

第一，组织形式不同。

合资企业的组织形式为有限责任公司或者股份有限公司，具有法人资格，中外投资者以投资额为限或者所持股份为限对企业债务承担责任。而合作企业的组织形式则分为两种：符合法人条件依法取得法人资格的合作企业采取的是有限责任公司的组织形式；不具备法人条件的合作企业采取的是无限责任的形式。

第二，出资方式不同。

合资企业各方可以用货币出资，也可以用非货币的建筑物、厂房、机器设备或其他物料，工业产权、非专利技术、场地使用权等作价出资，各方出资额以货币形式表示，并折算成股权；同时，合资企业中外方投资比例不得低于注册资本的25%，没有上限规定。合作企业各方的出资，属于投资的以货币形式表示，属于提供合作条件的，则不以货币的形式表示，且均不必计算成股权。

第三，权力机构和经营管理机构不同。

合资企业的最高权力机构是董事会；而合作企业中只有法人合作企业才能设立董事会；非法人合作企业则设立联合管理机构，此种权力机构虽有权决定合作企业的一切重大问题，但它不是最高权力机构。合资企业的董事长是企业的法定代表人，合作企业则不一定，因为法律没有明确规定。在经营管理上，合资企业实行董事会领导下的总经理负责制；而合作企业中的法人合作企业经合作各方同意还可以委托第三方进行经营管理；非法人合作企业在联合管理机构下，可设经营管理机构，也可以不设经营管理机构而由联合管理机构直接管理企业。

第四，盈亏分担方法不同。

合资企业合资各方只能按在企业注册资本中所占的比例来分配收益、承担风险和亏损；而合作企业则依照合同的约定来分配收益、承担风险和亏损。

第五，经营期满后企业财产的归属不同。

合资企业合营期满，清偿债务后企业的剩余财产一般按合营各方的出资比例分配；而合作企业的合作期满，清偿债务后的财产则按合作合同约定确定其归属，如果约定外国合作者在合作期限内先行回收投资的，则合作期满时，合作企业的全部固定资产归中国合作者所有。

第六，投资回收方式不同。

合资企业不采取让外国合营者在合营期限内提前回收其投资的方式，其投资的回收依赖于在合营期限内按出资比例分取的利润和在企业依法解散时划分的财产；而合作企业的外国合作者则可在合作期限内先行回收投资。

第七，双方的关系不同。

合资公司在双方的关系上，更强调共同投资、共同经营管理、共享利润以及共担风险和亏损。而合作公司在双方的关系上，则更强调当事人的自由选择，即合作者之间，只要对于投资的条件、产品的分配、收益分配的方式、经营管理方式，双方达成了一致意见，就是达成一种合同约定，法律一般是认可的。

无论是合资企业还是合作企业，其设立都需要首先订立和签署相关的法律文件，如《合营企业合同》或者《合营公司章程》，然后向商务部呈报，由其审核批准以后，方才能够登记成立。同时，外方投资者可以是企业、个人或者其他经济组织，但是中方投资者则不能为个人，只能是公司、企业或者其他经济组织。

2007 年修订的《企业所得税法》完成了内外资企业所得税的并轨，故目前无论是合资企业还是合作企业，均按照 25% 的税率统一缴纳企业所得税，不再享有外商投资企业的税率优惠政策。

综上所述，合资企业与合作企业作为不同的企业组织形式分别指向不同的责任承担、利润分配以及经营管理方式，在实践中，需要根据参与合作各方的具体情况作出判断。

第二章 合伙企业

一、普通合伙企业有哪些特征？

就普通合伙企业与其他法律形式的企业相比较，普通合伙企业具有一般合伙的特征，是独资企业与公司企业所不具备的。它主要包括：

第一，由两个以上的自然人、法人或其他组织共同合作参加组建，这同独资企业只有一位自然人投资兴办有区别。虽然可能会放大法人投资的风险，我国《合伙企业法》仍然允许法人成为普通合伙人，对于合伙企业的债务承担无限连带责任；另外，如果普通合伙企业的合伙人为自然人的，应当具有完全民事行为能力。

第二，全体合伙人共同经营，合伙人之间在合伙之业务范围内形成法定的相互代理关系，这同公司企业有区别。公司企业的股东并不都有权直接管理企业，通常由股东会或股东大会选举产生的公司的机关管理企业，股东之间也不形成类似于普通合伙企业中的代理关系。

第三，普通合伙企业赖以存在的法律基础是合伙协议，它以合伙人之间存有信任关系为基础，这与公司类企业是有区别的。有限责任公司的股东人数不多，也在一定程度上要求有相互信任关系以维系良好之合作，但没有合伙关系那样密切；股份有限公司的股东成千上万，根本不要求这种关系，股东之间相互不认识是很正常的。

第四，普通合伙企业因以契约为前提，故而国家强制性要求较少，设立的条件较公司企业要宽松，当事人有较多的权利与机会充分协商合伙之条款，形成“合同即法律”的存在与发展的空间。

第五，合伙人对企业债务承担连带清偿责任，即普通合伙企业对外承担债务清偿责任不以合伙人在企业中的投资以及企业积累的财产为限，当企业无力清偿债务时，债权人有权向任一或全体合伙人要求清偿全部债务，清偿了全部企业债务的合伙人有权要求其他合伙人按合伙协议约定之比例向其予以补偿。

第六，普通合伙企业由于没有法人资格，且合伙人要负连带责任，故法律上并无注册资本的要求，合伙人也可以劳务、技能、社会信誉等方式参与投资，只要其他合伙人同意即可。

第七，普通合伙企业虽然可以经债权人提起以破产方式了结业务进行清算，但法律并不免除合伙人的无限连带责任。法人企业破产时由于法律制度事先设置了有限责任的保护屏障而不可能追究投资者的其他责任，债权人未获清偿的债权嗣后自动消灭；自然人破产，如果该自然人没有重大的欺诈行为，其无力清偿的债务也会消灭，代价只是他的某些公权和生活消费空间会在一定期限如 4 年内受到法院的限制。而合伙企业的投资者对企业债务承担无限连带责任，这与破产免责制度是完全冲突的。因此，法律赋予合伙企业破产资格，仅仅是因为债权人担心合伙人除在普通合伙企业中的财产份额外无其他财产用来偿还普通合伙企业的债务，提起破产清算程序可以防止个别债权人抢光普通合伙企业的财产的情形发生。

二、如何设立合伙企业?

与独资企业相比较，合伙企业的设立并没有更多特殊规定，一般而言，设立普通合伙企业需要满足四个条件：第一，有两个以上的合伙人，其中合伙人为自然人的，应当具有完全民事行为能力；第二，有书面的合伙协议；第三，有合伙人认缴或者实际缴付的出资；第四，有合伙企业的名称和生产经营场所。

申请设立合伙企业，得依《中华人民共和国合伙企业法》和《中华人民共和国合伙企业登记管理办法》进行。申请登记时，得由全体合伙人共同签署《设立登记申请书》，具体申请事宜可由全体合伙人共同办理或由他们书面委托某一合伙人或某几个合伙人或某专业服务机构代理办理。申请时，除要提交申请书外，还应提交全体合伙人签名、盖章的合伙协议，各合伙人的身份证明，出资权属证明，经营场所使用证明，全体合伙人指定代表或者共同委托代理人的委托书，合伙企业之经营范围中有涉及必须经政府机关批准之项目的，应在登记前报请批准并于登记时提交批准文件。企业登记机关接到全部申请文件后，能够当场登记的，应予当场登记，发给营业执照；因文件欠缺或存在瑕疵的，于受理之日起20日内作出决定：予以登记的，发给营业执照；不予登记的，应当给予书面答复，并说明理由。合伙企业自领取《合伙企业营业执照》之日宣告成立，才能开始进行营业活动。合伙企业设立分支机构的，应向所设分支机构所在地的企业登记机关申请登记，领取《合伙企业分支机构营业执照》。分支机构的经营责任由合伙企业承担，并由合伙人负连带责任。合伙企业登记事项发生变更的，执行合伙事务的合伙人应当作出变更决定或者在发生变更事由之日起15日内，向企业登记机关申请办理变更登记。

三、合伙企业的合伙人都要承担无限连带责任吗？

围绕着一个企业，相关利益主体之间存在着三层关系：一是投资者与其所办企业的关系；二是企业与其债权人之间的关系；三是投资者与企业的债权人之间的关系。根据企业法律形式的不同，这三层关系也呈现出不同的内容。企业法、公司法上所说的无限责任是针对投资者对其所投资企业的对外债务的承担形式而言的。当企业无力偿还其债务时，投资者负替代偿还责任的，该投资者的责任就是无限责任，投资者与企业债权人之间也就会产生债务清偿关系；投资者完全履行了投资义务而没有法定义务替代企业偿还其债务的，该投资者的责任为有限责任，投资者与企业的债权人之间没有直接的法律关系。与此同时，企业对其自己的债务是直接债务、自然债务，负有直接的、全部的清偿责任，这种责任与“有限”、“无限”的说法无关，投资者对其自身债务所负有的清偿责任也是如此。

普通合伙企业的合伙人对企业债务承担无限连带责任，对于企业无力偿还的第三人债务，所有合伙人负有连带责任，债权人得向任一合伙人请求偿还。但是，经济生活的需求推动了实践发展，使得合伙企业这种法律形式也发生了一些新的变化。例如，在律师、会计等高风险行业出现了特殊的普通合伙、有限合伙等形式，在这些类型的合伙企业中，虽然具有合伙人的名义，但是并非所有的合伙人都对合伙企业负有无限责任。

特殊的普通合伙企业是自20世纪80年代以来在英美国家产生发展起来的一种适用于合伙制律师事务所、合伙制会计师事务所发展的企业形态。传统的合伙制律师事务所和会计师事务所，由于合伙人对整体的事务所的风险承担连带的、无限的责任，合伙人面临的压力越来越大，企业做大、做久的困难日益加剧。律师们、会计师们开始了新的企业形态的创建，一些人选择了有限公司的形态（有限公司并不是律师事务所、会计师事务所最适当的企业形态），而有限责任合伙（LLP）形态正是在这种氛围的压力下被创造出来。我国2006年修订的《合伙企业法》中对这一形态予以吸收，立法上称其为特殊的普通合伙企业。特殊的普通合伙企业主要适用的领域是那些以专业知识和技能服务于社会的机构。

按照我国《合伙企业法》规定，一个合伙人或者数个合伙人在执行业务活动中因故意或者重大过失造成合伙企业债务的，应当承担无限连带责任，其他合伙人以其在合伙企业中的财产份额为限承担责任。合伙人在执行业务活动中非因故意或者重大过失造成的合伙企业债务以及合伙企业的其他债务，由全体合伙人承担无限连带责任。合伙人在执行业务活动中因故意或者重大过失给合伙企业造成损失的，还应当承担个人赔偿责任。特殊的普通合伙企业在其名称中得标明“特殊普通合伙”字样，以便对外界明确责任界限，防止债权人和合伙企业的合伙人之间就责任承担的范围发生冲突。法律要求特殊的普通合伙企业必须建立执业风险基金、办理职业保险。执业风险基金用于偿付合伙人执行业务活动所造成的债务。

我国在2006年修订的《合伙企业法》中也正式规定了有限合伙企业，依据第二条、第六十一条的规定，有限合伙企业可由一个或者一个以上普通合伙人和一个或者一个以上的有限合伙人共同组成，全体合伙人总人数为2人以上50人以下，普通合伙人对有限合伙企业债务承担无限连带责任，有限合伙人以其认缴的出资额为限对有限合伙企业承担责任。有限合伙企业不具备法人资格，至少有一个合伙人为普通合伙人，并且其名称中应当标明“有限合伙”字样，以示区别。有限合伙企业雷同于欧洲大陆法系的隐名合伙。隐名合伙的最早渊源可以追溯到中世纪的康孟达（commenda）海上贸易形式，即业主与船东或船长签署协议，由业主将其财产或金钱交付给船东从事海外贸易，所获利益按协议分配，船东只提供劳务并负责货物贩售，业主不参与经营的海商贸易形式。业主在整个交易中不露名，故对交易亏损以提供给船东的资金负有限责任。

可见，仅仅只有普通合伙企业的合伙人与有限合伙企业的普通合伙人需要承担无限连带责任，而特殊的普通合伙企业中的非执行事务的合伙人与有限合伙企业的有限合伙人都不需要承担无限连带责任。责任承担形式的多样化为投资者提供了更多的选择，同时也提醒企业的债权人在交易之前进行充分的调查。

四、什么是合伙协议？合伙协议具有什么特点？签订合伙协议需要注意什么？

合伙协议是依法由全体合伙人协商一致、以书面形式订立的合伙企业的契约，它是合伙企业赖以存在的法律基础。合伙协议必须是书面协议，合伙协议对全体合伙人有法律上的约束力。而公司企业成立的法律基础是章程，与公司企业的章程行为相比，合伙协议具有自身的特点：

第一，章程由公司的全体股东或发起人为公司制定，对股东、董事、经理及员工有约束力，某些特定情况下也可约束与公司有交易行为之第三人；而合伙协议是合伙人为自己所订立的契约，仅对合伙人有约束力。

第二，公司章程受法律的强制性约束多，合伙协议则有较多的灵活性，只要不违反合伙企业法的强制义务规范，合伙人均可协商达成共识。我国《合伙企业法》设定的强制性义务规范本来要比《公司法》的强制性义务规范要少，同时也赋予合伙人较大的权利去协商。

第三，公司章程对外是公开的，任何人依据正当的理由可以查阅公司的章程，但合伙协议是处于封闭状态的文件，合伙人以外的人没有特殊的理由和经特别的程序是不能查阅的。要成立合伙企业，法律要求必须要有书面的合伙协议，任何口头协议都可能会形成其他的民事合伙，但不可能注册成立一家合伙企业。因此说，签署书面的合伙协议是在我国成立合伙企业的必要条件。

我国《合伙企业法》第十八条规定了合伙协议应具备的内容，主要有：（1）合伙企业的名称和主要经营场所的地点；（2）合伙的目的和合伙企业的经营范围；（3）合伙人的姓名或者名称、住所；（4）合伙人的出资方式、数额和缴付期限；（5）利润分配和亏损分担方式；（6）合伙企业事务的执行；（7）入伙与退伙；（8）争议解决办法；（9）合伙企业的解散与清算；（10）违约责任。

合伙协议经全体合伙人签名或盖章后生效。合伙协议如要修改或补充，需经全体合伙人协商一致。但是，合伙协议中另有约定的修改协议程序和投票通过比例的，法律准用其约定。合伙人依合伙协议的约定享受权利并承担义务，当然这种义务不包括合伙人对第三人所承担的连带责任。签订合伙协议需要注意以下几点：

第一，合伙企业的名称要符合我国工商管理机关关于企业名称的要求，例如要进行名称的预先申请核准工作等。

第二，《合伙企业法》中所提“主要经营场所的地点”与《个人独资企业法》、《公司法》中所称企业、公司的“住所”的法律含义具有同一性，均是指企业的主要办事机构所在地。

第三，合伙人以实物、知识产权、非专利技术、劳务等形式出资的，其价值的评估或在合伙企业总资产中所占的比例由全体合伙人协商认可，也可由全体合伙人委托法定评估机构进行评估确认；合伙人以劳务出资的，其评估办法由全体合伙人协商确定，并记载于合伙协议中。

第四，合伙协议中未约定或者约定不明确的事项，由全体合伙人协商确定；协商不成的，依据《合伙企业法》的规定或者有关法律、行政法规的规定办理。

五、合伙人可以任意处置合伙企业的财产吗？

小王与小张、小赵共同投资开办了“好再来餐厅”，并在工商行政管理部门登记注册为合伙企业，三人均为普通合伙人。餐厅的日常经营管理主要由小王负责，三人约定在利润分配时多分给小王一部分作为报酬。前段时间小王由于炒股亏空了一大笔钱，债主逼上门来，他一时周转不开，便私自用“好再来餐厅”的经营收入偿还了欠款。事后小张和小赵发现了他的这一行为，说他这样做是不对的，要追究他的责任。小王百思不得其解，他想着，自己也算是餐厅的老板之一，享有至少1/3的所有权，这些经营收入本来有一部分就是自己的，只要没有超过分配的额度，难道不是可以随便使用的吗？

合伙企业的财产是合伙企业进行经营的物质基础，从财产来源上说，合伙企业的财产主要分为原始取得的财产和经营取得的财产。原始取得的财产是指全体合伙人为设立合伙企业而实际缴付的投资额，以及在合伙企业存续期间，新加入的合伙人依照合伙协议的约定而向合伙企业出资的财产。经营取得的财产是指合伙企业存续期间，全体合伙人共同经营合伙企业所创造的利益除去合伙人分配以外，留存用以发展的积累资金以及合伙企业受赠、受奖、受让的利益及无形财产。我国《合伙企业法》规定了合伙企业财产的构成，包括“合伙的出资”和“以合伙名义取得的收益和依法取得的其他财产”。

合伙企业的财产具有独立性，2006 年修订后的《合伙企业法》第二十条规定：“合伙人的出资、以合伙企业名义取得收益和依法取得的其他财产，均为合伙企业的财产。”这意味着，合伙人自投资后，不能再就其投入的特定财产主张任何意义上的足以对抗其他合伙人的所有权，该财产已经为第三者即合伙企业所有，并且融入到合伙企业所有的整体财产之中。合伙企业的财产在本质上是合伙人共有的财产，在合伙企业形成之后，合伙人对所投入的财产就其使用的价值形态丧失了所有权，只是在其价值形态上拥有按份额主张的权利。就合伙企业的财产而言，每一合伙人的权利都及于合伙企业财产的全部而非仅及于自己的“份额”，同时，该份额在合伙人退出合伙前无法得到实现。《合伙企业法》第二十一条规定，合伙企业清算前，合伙人不得请求分割合伙企业的财产，但本法另有规定的除外（另有规定是指退伙）。合伙人在合伙企业清算前私自转移或者处分合伙企业财产的，合伙企业不得以此对抗善意第三人。我国《合伙企业法》还规定，合伙人向合伙人以外的他人转让其在合伙企业中的财产份额或者以合伙企业中的财产份额向他人出质的，须经其他合伙人一致同意。

由此可见，在按照合伙协议或者由全体合伙人协商分配之前，餐厅的经营收入属于合伙企业的财产，单个合伙人并不享有对它的所有权，案例中的小王没有权利私自使用餐厅经营收入，并且，小王不仅不能挪用餐厅的经营收入，也不能在不经过小张、小赵同意的情况处分自己在合伙企业中的财产份额，例如将财产份额出质或者转让给他人。

根据上述规定也可以看出，合伙人对第三人所负的债务，如果非基于合伙关系发生，只能以从合伙企业中分得的收益（分得的收益不属于合伙人共有财产）予以清偿，债权人非经人民法院裁决不得径行以债务人投入合伙企业的财产份额实现债权。

法律明确规定合伙企业的财产，将其独立于合伙人的个人财产，是基于将合伙企业视为经济组织，认为其具有团体资格的理由，这也是合伙企业与其他形态合伙的本质区别所在。随着社会经济的发展，为保障合伙企业经营活动的开展，合伙财产必然更加趋向于独立和集中。合伙企业的高效运作，要求有相对独立的、与合伙人个人财产相分离的“公共”财产供其支配，不允许投资人任意收回投资，任意处分自己的投资份额。合伙企业的财产，作为全体合伙人共同共有的财产，只能受全体合伙人的共同意志而不是单个合伙人的个人意志所支配。只有这样，合伙人之间的理性关系才能得以维持，合伙企业共同经营、共享权益、共担风险才有必要的财产制度保障。

六、合伙人有哪些权利义务?

合伙人是普通合伙企业的投资者，也是普通合伙企业的财产共有人。合伙人对于合伙企业的权利从根本上讲是源自其投资行为，同时也在合伙协议中有所体现。根据法律规定与合伙协议的约定，合伙人一般享有两方面的权利，一是财产上的权利，二是合伙企业管理的权力。

（一）财产上的权利

（1）合伙人向合伙企业履行出资义务后，即与其他合伙人共同共有合伙企业的全部财产。合伙人虽然不能以自己的个人意志支配投入合伙企业中的财产，但共有只是对个人财产权利主张的一种限制，并不是否定，经其他合伙人同意或在合伙企业解散时，合伙人自然可取得应属于自己的财产份额。

（2）合伙人是合伙企业存续期间以合伙企业名义取得收益和依法取得其他财产的共有人，在合伙企业解散时合伙人可将此种积累财产按协商确定的比例分配。

（3）合伙人有权分配合伙企业每年度的经营收入，这是投资所获利益的直接回报。合伙企业的当年收益首先在扣除成本及可列入成本的开支，经合伙人会议研究确定留足发展基金（发展基金完全由合伙企业自行决定，没有法定要求）后可用于合伙人分配。合伙人从合伙企业中分得的利润应缴纳个人所得税，剩余额既可用于向合伙企业的扩大投资，也可用于其个人消费性支出和清偿自身债务。

（4）合伙企业经营效益较好且需扩大投资规模时，合伙人有权优先投资。

（5）合伙人经全体合伙人同意可将其财产份额转让给他人。在同等条件下，合伙人对于其他合伙人转让的份额有优先受让权。

（二）合伙企业管理的权力

（1）合伙人对合伙企业有全面的管理权，合伙人在合伙企业经营范围内对其他的合伙人具有当然的代理权。根据《合伙企业法》第二十六条的规定，各合伙人对执行合伙企业事务享有同等的权利，可以由全体合伙人共同执行合伙企业的事务。共同执行合伙企业的事务主要分为两种情况，一是各合伙人在任何场合可以单独代表合伙企业进行业务活动；二是合伙企业的重大事项必须经过合伙人会议讨论，然后交给特定的合伙人加以执行。但是，对于与合伙企业交易的善意第三人而言，合伙人内部的分工和经营权的分配，均不具有对抗的效力。也就是说，在对外关系上，任一合伙人的意思表示均视为合伙企业的意思表示，即使根据合伙协议其并不具有相应的决策权。

（2）合伙人为了了解合伙企业的经营状况和财务状况，有权查阅企业的会计账册等财务资料，有权过问生产经营业务；对合伙企业重大事项，除合伙协议另有约定外，不分投资多寡实行合伙人每人一票的表决办法。这同公司企业依出资额多少分配管理权有截然区别。

(3) 全体合伙人委托一名或数名合伙人执行合伙企业事务的，执行合伙人以外的合伙人有权监督，有权依约定听取执行合伙人就企业营业状况、财务状况的汇报，并可提出质询及异议。

(4) 一票否决权，也就是说，除合伙协议另有约定外，合伙人对合伙企业的重要事务可单独行使否决权。例如，改变合伙企业的名称；改变合伙企业的经营范围、主要经营场所的地点；处分合伙企业的不动产；转让或者处分合伙企业的知识产权和其他财产权利；以合伙企业的名义为他人提供担保；聘任合伙企业以外的人担任合伙企业的经营管理人员。除上述内容以外，根据合伙企业生产与发展的一般法理，以下事务中，除合伙协议另有约定以外，合伙人也具有单独否决的权力：第一，把合伙企业的资金借给他人；第二，同意某一合伙人与合伙企业进行交易；第三，修改合伙协议；第四，同意接纳新的合伙人；第五，同意合伙人将其合伙财产份额转让给他人；第六，解散合伙企业；第七，向他人赠送合伙企业财产；第八，批准合伙人退伙；第九，合伙协议约定的其他重大事项，如讨论利润分配方案、讨论通过合伙企业的生产运营管理制度及其他规章制度、决定企业变更组织形式、并购其他企业或者被其他企业并购等。

（三）合伙人的义务

合伙人承担的义务分为法定义务和协议义务，具体有以下内容：遵守法律特别是《合伙企业法》、行政法规的规定；按照合伙协议约定出资方式、数额和缴付期限向合伙企业缴付出资；不得自营或者与他人合作经营与合伙企业存在竞争关系的业务，非经全体合伙人一致同意不得与本合伙企业进行交易，不得从事损害本合伙企业利益的行为；除依照《合伙企业法》的规定外，不在合伙企业存续期间请求分割合伙企业财产；合伙事务执行人得依照合伙人委托的内容、权限执行合伙事务，并应当及时就合伙企业面临的重大事项向全体合伙人汇报，接受其他合伙人的监督；合伙人未经其他合伙人同意，不得将其持有的合伙企业的财产份额对外设定质押。

七、什么是入伙和退伙?

林小姐、薛小姐、史小姐和王小姐四个人合伙开了一家美容院，合伙协议约定由四人轮流进行经营管理。开业一段时间以来，林小姐突然身染重病，无法再管理美容院的事务；王小姐则因为个人债务被法院强制执行其在合伙企业中的财产份额；与此同时，薛小姐不仅从未参与过管理，并且与他人合伙在隔壁又开了一家美容院。林小姐一再表示自己无法继续经营美容院，想要退出；史小姐则对薛小姐的行为十分不满，想要在合伙企业中将其除名；史小姐的一位朋友贾小姐听闻美容院经营状况后，表示出了浓厚的兴趣，也想成为美容院的合伙人。这些情况是导致合伙企业的解散还是合伙人的变更？法律是如何规定的呢？另外，如果薛小姐被合伙企业除名，有没有什么救济方式？

（一）入伙

入伙是指在合伙企业存续期间，原来不具有合伙人身份的公民、法人、其他组织经其他合伙人同意而取得合伙人资格的民事法律行为。根据我国法律规定，加入为合伙人的，必须经过其他合伙人的同意，除非协议另有约定，新合伙人与原合伙人享有同等权利并承担相同义务。

对于新入伙的合伙人是否对合伙企业以前的债务承担责任，我国《合伙企业法》持肯定态度。也就是说，新入伙的合伙人对于非由自己经营管理而产生的合伙企业债务需要承担连带责任。因此，法律要求在新入伙人签订入伙协议时，原合伙人必须将合伙企业的运行情况和财务情况向新入伙人全面说清楚，以使其有足够的信息去判断是否加入合伙企业。

因此，在案例中如果贾小姐想要入伙，需要经过林、史、薛、王的一致同意方可，并且要签订相应的入伙协议。入伙后，对于美容院的既存债务，贾小姐也要承担连带责任。

（二）退伙

退伙则是指已经取得合伙人身份的公民、法人、其他组织使其合伙人身份归于消灭的法律行为和事实。退伙一般分为任意退伙、法定退伙和除名三种。

1. 任意退伙

任意退伙也称为声明退伙，即依合伙人自己的意思表示而决定并于适当时期告知其他合伙人而发生的退伙行为。我国《合伙企业法》第四十五条、第四十六条对任意退伙作了规定：合伙协议约定合伙企业的经营期限的，有下列情形之一时，合伙人可以退伙：

（1）合伙协议约定的退伙事由出现；

（2）经全体合伙人同意退伙；

（3）发生合伙人难以继续参加合伙企业的事由；

（4）其他合伙人严重违反合伙协议约定的义务。

合伙协议未约定合伙企业的经营期限的，合伙人在不给合伙企业事务执行造成不利影响的情况下，可以退伙，但应当提前30日通知其他合伙人。

由于退伙可能会造成合伙企业的解散或者事实上的经营不能，例如，上述案例中如果是由林小姐提供美容院的场地和器械，那么她退伙会直接导致散伙，为了维护全体合伙人的权益，法律对任意退伙作了一定的限制。我国《合伙企业法》规定，如果合伙协议中没有约定期限的，合伙人任意退伙，得满足以下条件：首先，必须事先通知其他合伙人，让其他合伙人有所准备。其次，退伙要避开合伙事业的旺盛季节或繁忙时期，如合伙经营蚕丝业要避开收蚕季节。再次，合伙人退伙的要完成其负担的合伙事务，不得损害合伙企业的利益，否则要承担赔偿责任。我国规定合伙人任意退伙向其他合伙人的通知时间为30天，条件较宽松，这主要考虑到合伙人一旦有必须退出合伙的事由，在通知之后已无心思与其他合伙人同心协力去经营事业，维持时间过长，对退伙人、对合伙企业均无益处，并且决定退伙后还需要一定时间清结财产及债权债务。

2. 法定退伙

法定退伙是指基于法律的规定以及法定事由而当然退伙的情况。我国《合伙企业法》第四十八条规定，合伙人有下列情形之一的，当然退伙：

（1）作为合伙人的自然人死亡或者被依法宣告死亡；

（2）个人丧失偿债能力；

（3）作为合伙人的法人或者其他组织依法被吊销营业执照、责令关闭、撤销，或者被宣告破产；

（4）法律规定或者合伙协议约定合伙人必须具有相关资格而丧失该资格；

（5）合伙人在合伙企业中的全部财产份额被法院强制执行。

上述退伙以所列事实实际发生之日为退伙日。2006 年修订的《合伙企业法》已经承认有限合伙企业的形式，该法第四十八条第二款规定，如果合伙人被依法认定为无民事行为能力人或者限制民事行为能力人，经其他合伙人一致同意，可以依法转为有限合伙人，普通合伙企业依法转为有限合伙企业。其他合伙人未能一致同意的，该无民事行为能力或者限制民事行为能力的合伙人退伙。

3. 除名

除名是指合伙人因有严重违反合伙协议之规定或有其他重大不轨行为损害了合伙企业利益或威胁合伙企业的生存与发展，而被其他合伙人一致决定开除的行为。根据我国《合伙企业法》第四十九条的规定，合伙人有下列情形之一的，经其他合伙人一致同意，可以决议将其除名：

（1）未履行出资义务；

（2）因故意或重大过失给合伙企业造成损失；

（3）执行合伙企业事务时有不正当行为；

（4）合伙协议约定的其他事由。

合伙人被除名是一项对任何合伙人来讲均为严重的情事。法律规定，对合伙人的除名决议应当经其他合伙人一致同意才可成立，法律并未赋予合伙人以多数通过方式决议的权力，被除名人也可以对自己的行为进行辩解，或提出补救、改正、挽回损失的请求。除名的决议应当以书面形式通知被除名人，被除名人接到通知之日起，除名生效，被除名人退伙。除名退伙，实际上是其他合伙人决议解除与被除名人合伙关系的协议撤销行为，被除名人如有异议，可向人民法院起诉，法定起诉时间为30日，法院依据被除名人的具体行为及情势审理后决定除名是否有效。

可以看出，案例中林小姐病重的情况属于任意退伙中“发生合伙人难以继续参加合伙企业的事由”的情形，经过告知其他合伙人，林小姐可以退伙。鉴于目前我国法律已经承认有限合伙企业的形式，林小姐也可以不退伙而经过其他合伙人一致同意转化为有限合伙人，不参与美容院的日常经营管理，只领取投资收益，而将美容院转化为有限合伙企业。而王小姐则属于法定退伙中“合伙人在合伙企业中的全部财产份额被法院强制执行”的情形，自法院强制执行之日起，王小姐即告退伙。薛小姐的行为违反了竞业禁止的规定，同时也损害了合伙企业的利益，符合除名理由中“执行合伙企业事务时有不正当行为”的情形，经过其他合伙人的一致同意，可以除名。因此，史小姐可以就该情况与其他合伙人商议并作出决定，而薛小姐自接到除名通知之日起30日内，如果有异议，可以向法院提起诉讼。

退伙时应当清结财产及债权债务，是为结算。因退伙发生的具体情况有别，结算的方式也各自不同。我国《合伙企业法》第五十一条、第五十二条、第五十四条对此进行了区别规定，其主要规范内容为：合伙人退伙的，其他合伙人应与其就当时企业的财产负债现状进行结算，退还退伙人应得的财产，此时如果有未了结的业务，待了结后进行结算。退还给退伙人的财产形式由退伙人与其他合伙人协商确定或依照合伙协议规定办理，可以是货币，也可以是实物。退伙人退伙时如果合伙企业处于亏损状态，则退伙人应按照合伙协议的约定或在无约定时按《合伙企业法》第三十三条第一款的规定分担亏损。退伙人与其他合伙人因退伙而发生结算，往往情况比较复杂，在合伙财产的估价、合伙积累利益的分配、未了结事务的利益测算以及退还财产份额的形式、退还时间上均有可能发生争议，一般来说，处理方式可以有以下几种：

（1）合伙协议中有明确、清晰的约定，依其约定；

（2）聘请专业会计师及其他专业人员中立处理；

（3）经过诉讼、仲裁方式解决。

与此同时，我国最高人民法院在《关于贯彻执行〈中华人民共和国民法通则〉若干问题的意见（试行）》

第五十三条中规定：合伙经营期间发生亏损，合伙人退出合伙时未按照约定分担或者未合理分担合伙债务的，退伙人对原合伙的债务，应当承担清偿责任；退伙人已分担合伙债务的，对其参加合伙期间的全部债务仍负连带责任。也就是说，退伙人即使退伙时已经负担了亏损额，仍应当与其他合伙人对退伙之前债务负连带责任，而且没有期限限制。

八、有限合伙企业有什么特殊之处？

由于工作的空余时间较多，小张与几个志趣相投的朋友合伙开了一家咖啡厅，这些合伙人配合默契、经营得宜，咖啡厅的生意非常不错，在当地也渐渐小有名气，于是他们打算扩大规模，再开设几家连锁店。听说了这一消息，小张的同事小王表示想要投资入伙。几个合伙人商量后觉得十分为难：一方面，扩大规模确实需要资金，如果有人愿意投资就再好不过了；但是另一方面，他们跟小王不那么熟悉，没有信心接纳他参与咖啡厅的经营管理，而小王也并不愿意仅仅只是借贷给该合伙企业而获得利息。

2006年修订的《合伙企业法》允许有限合伙企业的存在，这种情况下，经过全体合伙人的一致同意，可以将小王吸收为有限合伙人，之前的普通合伙企业转变为有限合伙企业，小王以投资额为限对合伙企业的债务承担责任，可以分享企业的经营收益，但是不能参与经营管理。

虽然在企业类型上仍然属于合伙企业，但是有限合伙企业无论是从组织结构还是经营安排上都有着不同于普通合伙企业的特征，具体表现在以下几个方面：

（一）合伙人的法律地位

有限合伙企业的合伙人分为普通合伙人与有限合伙人两种，其中至少有一人或者一人以上为普通合伙人，并且其地位和所受的约束与普通合伙企业的合伙人地位及其所受的约束基本相同。

普通合伙人对企业债务承担无限连带责任，并且据此完全控制企业的经营管理活动。普通合伙人为一人的，由该普通合伙人独断独裁；普通合伙人为数人时，由全体普通合伙人集体或者分别管理有限合伙企业，或者依据合伙协议的约定由普通合伙人选任执行合伙人执行合伙企业事务。

有限合伙人对企业债务只以认缴的投资额为限负责，因此对企业的经营活动丧失管理权。由于有限合伙人对于有限合伙企业的债务无须负个人责任，故其投资只限于货币、知识产权、土地使用权、实物财产或者其他财产权利作价出资，不可以以劳务、自然人姓名、个人信誉、法人名称、特许使用权等作为出资。有限合伙企业可以是私营企业，也可以是公营企业。依据《合伙企业法》和《合伙企业登记管理办法》的规定，保护有限合伙人免受个人责任的追索，不仅合伙协议须在合伙企业登记机关备案登记，同时普通合伙人与有限合伙人须分别加以记载。

（二）有限合伙协议

有限合伙企业赖以建立和存在的基础性法律文件也是合伙协议，由于有限合伙企业聚合了普通合伙人和有限合伙人两类投资者，其权利和责任分配的差别较大，《合伙企业法》第六十三条特别规定了有限合伙企业合伙协议另外具备的内容：

（1）普通合伙人和有限合伙人的姓名或者名称、住所；

（2）执行事务合伙人应具备的条件和选择程序；

（3）执行事务合伙人的权限与违约处理办法；

（4）执行事务合伙人的除名条件与更换程序；

（5）有限合伙人入伙、退伙的条件、程序以及相关责任；

（6）有限合伙人与普通合伙人相互转变的程序。

（三）入伙和退伙

有限合伙企业中普通合伙人的入伙、退伙的条件、程序可以比照普通合伙企业的相关规定处理。但是，如果全体有限合伙人认为普通合伙人的进出与自己的利益安全紧紧维系，动一人而动有限合伙企业全身的，合伙协议可以约定有限合伙人对企业的普通合伙人的实质变更发表集体否决的意见。而有限合伙人入伙、退伙的条件、程序，如同有限责任公司中的股东加入和退出一样，应当比普通合伙人的同类行为更简单容易。吸收新的有限合伙人可以增加企业资产，提升企业信用，并且基本不会妨碍到企业的控制权，协议处理可以稍微宽松一点。而有限合伙人的退出则意味着他将从企业资产中撤出自己的投资份额和孳息利益，其将会导致两大直接后果：一是会加重普通合伙人对企业债务的承担分量；二是降低了有限合伙企业以企业现实资产偿还债务的能力，尤其是如果普通合伙人的个人偿债能力有限，就会在实质上影响债权人的利益。因此，有限合伙人的退出，应当取得普通合伙人的同意。

（四）合伙财产份额的转让

有限合伙人可以将其在有限合伙企业中的财产份额转让与其他有限合伙人，其他有限合伙人不愿受让时，也可以转让给普通合伙人。普通合伙人受让有限合伙人的财产份额，从表象上看导致了合伙人地位的混乱，但实质上是普通合伙人个人财产的增加，普通合伙人同时成为有限合伙人的，其普通合伙人的地位继续保持，其控制或与其他普通合伙人共同控制有限合伙企业并对企业债务承担连带责任的法律关系仍然不变。合伙协议如果作出相反的规定，其规定无效。有限合伙人向合伙人以外的人转让其出资的，须得依照合伙协议的规定进行，合伙协议可以比照有限责任公司股东转让股权的规定安排相关的内容，如规定其他合伙人的优先受让权、批准权，但不得规定绝对禁止转让的内容。《合伙企业法》第七十三条规定，有限合伙人对外转让出资的财产份额的，须提前30日通知其他合伙人，这一规定是法定条件，合伙协议不得改变。有限合伙人将其出资对外出质的，须依照合伙协议的规定进行；合伙协议没有规定的，有限合伙人可以自行安排出质，但应当有义务通知合伙企业和其他合伙人。

（五）合伙人身份的转换

合伙人身份的转换是指因为某种重要事项发生或者按照合伙协议的约定而导致的普通合伙人向有限合伙人的变更或者有限合伙人向普通合伙人的变更。在这个过程中，如果有限合伙企业仅剩普通合伙人，则转为普通合伙企业；普通合伙人仅剩一人时也可以转为个人独资企业。这种理解和制度安排主要是考虑到以下因素：第一，企业应当尽可能保持持续存在，以便不损害经济体的发展；第二，企业转型不影响债权人的利益期望，不发生债权债务转移的复杂民事活动；第三，企业的保留没有加重原合伙人的责任负担。

但是，有限合伙企业仅剩有限合伙人时，就会彻底改变其作为合伙企业的属性，原普通合伙人无论是死亡或者解散，其继承人或者其权利继受人一般不可能承继普通合伙人的地位，原来的有限合伙人也不可能愿意负担无限连带责任，而债权人的合理期望就会落空，企业也不可能不经极其复杂的程序而向公司企业实现转变，唯一合理的解决办法就是立即解散，进行清算。

有限合伙企业的有限合伙人如发生死亡、丧失行为能力、解散等情事，其继承人、监护人、权益继受人可以依法取得有限合伙人的资格或者代行权利。

除合伙协议另有约定外，普通合伙人、有限合伙人身份的转换，应当经全体合伙人一致同意。有限合伙人转变为普通合伙人的，对其作为有限合伙人期间有限合伙企业发生的债务承担无限连带责任；普通合伙人转变为有限合伙人的，对其作为普通合伙人期间有限合伙企业发生的债务承担无限连带责任。

第三章　公司与公司法

一、公司有什么特征?

在我国，公司特指具有法人人格、实行有限责任的一类企业。根据公司的组织形态与股东责任的不同，公司分为有限责任公司与股份有限公司，其中，有限责任公司中还存在一人公司的特殊构成。集中来讲，公司企业有如下的特征：

第一，公司具备法人资格，是独立的商事主体。公司经合法成立，便在法律上形成了与投资人相区别的另一个民、商事主体，成为民事和商事权利义务的享有者和承担者，公司以自己的名义对外进行各类民事活动和商事活动，以自己的财产对外承担民事责任。公司的法人资格也意味着，公司是一类独立的纳税主体，对于公司投资者而言，需要承担投资收益与公司经营收益的双重所得税税负。

第二，股东人数符合法律规定。传统法理认为由于公司具有社会团体的性质，单个的自然人不具备团体性，因而不宜于一人创办公司，因此坚持这种法律理念的国家和地区不承认一人公司。但是，最近30多年来，许多国家修订公司法承认一人公司。我国2005年修订的《公司法》规定有限责任公司由50个以下的股东出资设立，其股东人数的下限为1人；股份有限公司的发起人为2人以上，200人以下。如果一家股份公司是以发起方式设立的，其股东人数的下限为2人。

第三，股东对公司债务不承担个人责任。股东依《公司法》的规定，向公司投资，只要符合章程和投资协议的要求，并且股东不存在非法利用公司人格和股东有限责任损害债权人利益的行为的，公司如发生经营亏损，股东只以其投资额为限对公司负责，债权人的债权在公司无法满足时不得向股东请求。股东的责任是有限责任，而独资企业的业主和普通合伙企业的合伙人、有限合伙企业的普通合伙人则对企业债务负无限责任或无限连带责任。相比较而言，股东的风险较独资企业的业主和普通合伙企业的合伙人、有限合伙企业的普通合伙人的风险要小。

第四，法律对公司有最低资本金的要求。为使公司达到适宜开展经营业务和对债权人提供最低资信的保障，法律一般对公司资本有最低标准的要求。我国《公司法》规定，有限责任公司注册资本最低限额为3万元人民币，其中一人公司注册资本最低限额为人民币10万元；股份有限公司最低注册资本为500万元人民币。并且，为保障公司的运营资本充足，规定在公司的资本构成中货币的投入不低于注册资本的30%，公司不得接受以个人信用、名誉、企业商誉、经营管理经验和劳务的投资。投资到位后，有限公司的股东取得投资证明书，也称为股单；股份有限公司的股东取得股票。股单和股票均成为特定投资财产的证明文件，是有价证券。当然，股单和股票虽同属有价证券，但它们的流通性却有天壤之别。

第五，公司设立、运营的基本准则是公司章程。普通合伙企业、有限合伙企业和个人独资企业则一般不制定企业章程。公司的章程是公司作为法人机构宣示其合法存在的基本法律文件，由公司的设立人制定，其主要内容应符合《公司法》的规定，公司章程对公司、股东、董事、监事及公司的高级管理人员有约束力，违反公司章程的行为是无效的（但要注意公司不得以此为由对抗善意第三人）。对于公司企业来讲，通过章程所受的公共意志约束较合伙企业通过合伙协议所受的同类约束更严格。公司往往要向政府机关按期提交反映企业资本、经营业绩、股东变化等各方面情况的各种报表。

第六，公司利润的分配原则是依据股东出资比例进行分配，除非公司章程有另外的规定。这与其他类型的企业不同，例如合伙企业的利润分配，如合伙协议中无约定或约定不明确，首先由合伙人协商确定；协商不成的，按各合伙人实缴的出资比例进行；无法确定出资比例的，由合伙人以平均分配原则进行，而不论各合伙人出资多寡。个人独资企业则由业主一人独享全部利益。

第七，公司企业是独立的纳税主体，也具有破产资格。

二、有限责任公司、股份有限公司、上市公司有什么区别？

有限责任公司与股份有限公司是并列的概念，都属于公司企业，是按照公司组织形态与股东责任的不同作出的划分。上市公司则是相对于非上市公司的概念，是指股票在证券交易所挂牌交易的公司，上市公司一定是股份有限公司，有限责任公司由于是封闭公司，不能够上市交易。

有限责任公司与股份有限公司主要有以下区别：

第一，募股集资是公开还是封闭不同。

有限责任公司只能在出资者范围内募股集资，公司不得向社会公开招股集资，公司为出资人所发的出资证明亦不同于股票，不得在市场上流通转让。募股集资的封闭性决定了有限责任公司的财务会计无须向社会公开。与有限责任公司的封闭性不同，股份有限公司募股集资的方式是开放的，无论是发起设立或是募集设立，都须向社会公开或在一定范围内公开募集资本，招股公开，财务经营状况亦公开。

第二，人合与资合不同。

有限责任公司是在对无限公司和股份有限公司两者的优点兼收并蓄的基础上产生的。它将人合性和资合性统一起来：一方面，它的股东以出资为限，享受权利，承担责任，具有资合的性质，与无限公司不同；另一方面，因其不公开招股，股东之间关系较密切，具有一定的人合性质，因而与股份有限公司又有区别。股份有限公司是彻底的资合公司。其本身的组成和信用基础是公司的资本，与股东的个人人身性（例如信誉、地位、声望）没有联系，股东个人也不得以个人信用和劳务投资，这种完全的资合性与无限公司和有限责任公司均不同。

第三，股份是否为等额不同。

有限责任公司的全部资产不必分为等额股份，股东只需按协议确定的出资比例出资，并按照这种比例享受权利、承担义务。而股份有限公司必须将股份化作等额股份，这一特性也保证了股份有限公司的广泛性、公开性和平等性。

第四，股东数额不同。

有限责任公司因其具有一定的人合性，以股东之间一定的信任为基础，所以其股东数额不宜过多，《公司法》对股东数额的上下限均有规定，最少2人，最多50人。而股份有限公司则只有下限规定，即只规定最低限额发起人，实际只规定股东最低法定人数，而对股东的上限则不作规定，这就使得股份有限公司的股东具有最大的广泛性和相当的不确定性。

第五，股份转让的自由度不同。

有限责任公司的出资证明不能转让流通。股东的出资可以在股东之间相互转让，也可向股东以外的人转让；但由于人合性质，决定了其转让要受到严格限制。按照《公司法》的规定，转让必须经全体股东过半数同意；在同等条件下，其他股东有优先购买权。股份有限公司的股份的表现形式为股票，作为一种有价证券，股票与持有者人身并无特定联系，法律允许其自由转让，不过，这一特性在加强股份有限公司的活跃性和竞争性的同时也导致了其盲目性和投机性。

第六，设立的法律标准宽严不同。

股份有限公司因其经济地位和组织、活动的特性，使得国家必须以法律手段进行管理和监督，对其设立规定了一系列必须具备的法定条件，履行严格的法定程序。在我国，股份有限公司的设立必须经有关部门批准。有限责任公司多为中小型企业，还因其封闭性、人合性，所以法律要求不如股份有限公司严格，有的可以简化，并有一定的任意性选择。

从上述比较可以看出，有限责任公司的筹资能力和发展规模有限，而与此相反，股份有限公司的突出特点在于其具有大规模的筹集资金的功能，适合大型公司运作。2005 年修订的《公司法》明确规定了有限责任公司与股份有限公司可以相互转换，这是公司组织形式的变更。公司依法变更其组织形式，并不需要经过解散、清算等程序，变更组织形式后的公司与原公司具有前后的一致性，因此原公司的债权债务只能由变更后的公司概括继承。

三、有限责任公司与股份有限公司应当如何转换？

首先，应当由公司董事会拟订出公司变更组织形式的具体方案。

其次，应当经过公司权力机关的批准。股份有限公司变更为有限责任公司时，须经出席股东大会的股东所持表决权的 2/3 以上通过，同时要符合《公司法》规定的有限责任公司的条件。例如，股东数额减少至 50 人以下；有限责任公司变更为股份有限公司时，须经过股东会代表 2/3 以上表决权的股东通过，同时也应符合《公司法》规定的股份有限公司的条件，如注册资本应当在 500 万元以上。

第三，依法变更公司章程也是公司变更组织形式的必经程序。

此外，有限责任公司转变为股份有限公司时，必须对公司资产状况进行准确的评估，确定公司的实有财产，再如实地折合为股份，折合的实收股本总额不得超过公司的净资产额。如果为增加资本而需要公开发行股份的，应当依照《公司法》和《证券法》的有关规定办理。具体而言，公开发行股份应当遵循以下程序要求：（1）向国务院证券监督管理机构报送募股申请及有关文件，由国务院证券监督管理机构核准；（2）公告招股说明书，并制作认股书；（3）法律、行政法规规定应当由证券公司承销的，应当由依法设立的证券公司承销，并签订承销协议；（4）与银行签订代收股款的协议；（5）有关股份发行情况，应当报国务院证券监督管理机构备案。

最后，董事会应当向公司登记机关申请公司的变更登记，公司登记机关对符合《公司法》规定条件的，给予换发营业执照。此后一般还应当进行公告，可以采取登报等方式。

可见，有限责任公司与股份有限公司之间的转换，法律是有着严格规定的，并不仅仅只是股东说了算。同理，股份有限公司的股票要上市交易，成为上市公司，也需要满足一系列的法律条件。关于公司上市，本书在后面会有详细讲解。

四、什么是公司的法人人格？

作为企业组织形式，公司与合伙的最本质的区别在于公司是法人，而合伙不是。公司是一个法人组织，法人人格是公司必不可缺的第一特征。在我国，公司的法人人格同时与有限责任绑定。我们经常说公司的有限责任，其实并不是非常严谨的表达方式，因为有限责任是针对公司的投资者而言，指的并不是公司。公司一旦成立，就独立于投资者而存在，以自己的名义从事经营活动，以自己独立的财产承担经营中的债务和责任。公司对自己债务的责任其实是无限责任，也就是说，公司为自己的债务负责，直至其破产为止。与此同时，公司投资者的有限责任则表明，股东仅仅只承担在公司设立时的出资义务，并以其出资额或所持股份为限对公司负责任，股东履行完毕出资义务后对公司在经营中所产生的债务不承担责任，公司的债权人不得直接向股东主张债权或请求清偿。

公司独立于其投资者而存在表明了公司的独立性，具体而言，公司的独立人格有以下几重含义：

（一）永久存续

公司被假定为永久存续，也就是说，公司并不依赖于其成员的生命，因此，当某一成员死亡的时候，其继承人并不能取回他的财产或者投资，而只能等待该成员在公司中的身份和财产权利的重新确认。当然，永久存续仅仅只是一个假定，并不意味着公司不会死亡，破产就是公司的死亡程序，也是对公司人格的消灭和否定。

（二）独立的主体资格

公司具有独立的主体资格。这意味着，公司在法律上是独立的，并不依赖于其成员的资格。具体表现为：

第一，公司取得了诉讼中的独立主体资格，可以以自己的名义起诉和应诉，成为诉讼中的原告或者被告。

第二，公司以自己的名义进行财产、债权债务的处分。在公司的日常经营中，这常常意味着独立的签约权。同时，当公司获得收入的时候，不意味着股东可以支配该收入；当公司完成作品或者创作的时候，视为公司的职务作品，而不能视为全体或者某个股东的作品。

第三，公司独立地对外承担责任。公司行为所产生的责任由公司承担，与股东并无直接关系。例如，公司没有缴纳税收，产生的是公司补足税款的义务，而不产生公司全体股东的补税义务；公司被认定犯罪，产生的是针对公司的罚金，而不产生全体股东的罚金；公司违法经营被吊销营业执照，并不意味着全体股东也需要承担违法责任。

（三）集中行使的决策和指挥

公司在法律上被视为整体的团体，公司成员代表公司对外作出的意思表示，责任由公司承担，而这保证了公司集中行使决策和指挥。股东不能直接管理公司，必须遵循公司内部的等级制度和治理结构。

第一，公司内部人员不能代表公司作出相反或者相冲突的意思表示。例如，证券公司作为客户的代理人，不能一方面既作为代理人作出意思表示，另一方面又作出有损于客户利益的意思表示。

第二，不同的公司内部的治理结构可能不同，管理权力的分配也可能是独特的，但是一定要存在决策等级。除了满足法律对公司治理结构的强制性规定之外，可以通过章程作出补充性的规定，如果这一规定与市场通行的决策等级结构不同，例如，章程规定公司董事长不能单独代表公司签约，必须由董事长和总经理同时签字方能生效，那么必须要公示，否则不能对外发生效力。

正因为公司具有独立的法人人格，董事和高管人员是公司的雇员而不是股东的雇员，所以他们对公司负有诚信义务而不直接对股东负有诚信义务。同时，如果董事或者高管人员违反了对公司的诚信义务，导致公司利益可能受损时，股东可以为了维护公司利益而提起诉讼。

五、子公司和分公司有什么区别?

设立子公司与分公司是现代大公司企业经营组织的重要方式。一家公司为什么安排它的某些附属单位作为子公司，而另一些附属单位又作为分公司？子公司与分公司在公司名称、公司管理、责任承担、税务征收等方面都有不同，而到底哪个才是公司在设立分支机构时的最佳选择呢？

按照我国法律规定，分公司是指在其住所地外设立的从事经营活动的机构。分公司是针对总公司而言的，也就是说分公司是总公司的分支机构，它具有营业资格，但是不具有法人资格。它的财产由总公司划拨，人事由总公司安排，责任也由总公司承担。分公司具有经营资格的含义在于，它可以以自己的名义独立地签订合同，也可以以自己的名义参加诉讼，可见，虽然分公司是总公司的附属机构，但它与公司的职能部门还是有一定的区别。

子公司则是与母公司相对应的概念，子公司是受母公司控制的。母公司对子公司的控制一般是通过两种途径来进行的，一种是控股方式，也就是母公司持有子公司全部或者部分的股份。一般来说，母公司要持有子公司50%以上的股份才能真正地实际控制子公司，但是随着现代社会公司股份流转速度加快、股东持有股份较为分散，有时候母公司无须持有半数以上的股份也能够对子公司实现实际控制。另一种方式是通过签订协议对子公司实现控制。虽然子公司也受母公司控制，但是和分公司不一样，子公司拥有独立法人人格，拥有独立的财产，有自己的公司章程，可以独立地承担责任。

分公司和子公司之间最重要的区别在于它们是否具有独立的法人资格。总公司与分公司是整体与部分的关系，分公司是总公司的分支机构，不具有独立的法人资格，也不具备独立承担责任的财产与资格。而母公司与子公司则是一种投资与被投资的关系，子公司具有独立的可以偿还自身债务的财产与资格。举个例子来说，公司A的分公司B与另外一个公司C签订了一个货物买卖合同，后来由于B公司一些疏忽导致了这个合同没有如期履行，给C公司造成了巨大的损失，这个时候，最终对C公司承担责任的是A公司，而非它的分公司B公司，其赔偿责任直到A公司破产为止。如果B公司是A公司的子公司，那么应当由B公司来承担赔偿责任直到B公司破产为止，而A公司的责任以其对B公司的投资为限。

此外，分公司与子公司在名称上不一样。分公司要将总公司的名称放在前面，后面加上地名和“分公司”字样，相对应的，只有具有三个以上分支机构的公司，才可以在名称中使用“总”字。而子公司则没有这种限制，只要符合企业的名称规范就可以了。

设立分公司还是通过控股形式组建子公司，在税收政策上有很大的不同，这也是公司企业进行选择的重要影响因素。由于分公司不是一个独立法人，它实现的盈亏要同总公司合并计算纳税，而子公司是一个独立法人，母、子公司应分别纳税，而且子公司只有在税后利润中才能按股东占有的股份进行股利分配。

六、设立子公司和分公司各有什么优势?

由于经营管理和税收政策上的不同，设立子公司和分公司各有优势，具体如下：

（一）设立子公司的优势

第一，在东道国只负有有限的债务责任（有时需要母公司担保）；

第二，子公司向母公司报告企业成果只限于生产经营活动方面，而分公司则要向总公司报告全面情况；

第三，就税收筹划而言，子公司可享受东道国给其居民公司提供的包括免税期在内的税收优惠待遇，而分公司由于是作为总公司的组成部分之一派往国外，东道国大多不愿为其提供更多的优惠；当东道国运用税率低于居住国时，子公司的累计利润可得到递延纳税的好处；并且，子公司利润汇回母公司要比分公司灵活得多，因为这种盈利等同于母公司的投资所得，可以留在子公司供继续发展之用，也可选择税负较轻的时候汇回，得到额外的税收利益；同时，许多国家对子公司向母公司支付的股息规定减征或免征预提税。

（二）设立分公司的优势

第一，分公司一般便于经营，财务会计制度的要求也比较简单；

第二，分公司承担成本费用可能要比子公司节省；

第三，在税收筹划方面，分公司不是独立法人，除流转税需要在所在地缴纳之外，利润由总公司合并纳税。在经营初期，分公司如果出现亏损的话，其亏损可以冲抵总公司的利润，减轻税收负担；分公司交付给总公司的利润通常不必缴纳预提税；另外，分公司与总公司之间的资本转移，因不涉及所有权变动，不必负担税收。

可见，公司企业在选择组织形式时应细心比较、统筹考虑、正确筹划。一般说来，如果组建的公司一开始就可盈利，设立子公司就更为有利。在子公司盈利的情况下，可享受到当地政府提供的各种税收优惠和其他经营优惠。如果组建的公司在经营初期发生亏损，那么组建分公司就更为有利，可减轻总公司的税收负担。

七、法律对关联交易有什么限制?

关联交易指的是关联方之间的交易，即交易双方存在关联关系。2005 年修订的《公司法》首次在法律层面上对关联关系作出界定，该法第二百一十七条规定：“关联关系，是指公司控股股东、实际控制人、董事、监事、高级管理人员与其直接或者间接控制的企业之间的关系，以及可能导致公司利益转移的其他关系。但是，国家控股的企业之间不仅因为同受国家控股而具有关联关系。”就国有控股上市公司而言，不能仅仅因为公司股权结构中存在国家股、国有法人股或者受同一国有资产监督管理部门监管而认定此类国有控股公司间具有关联关系。但在国有控股集团公司范围内，由于存在资产的控制关系而可以认定集团内公司存在关联关系。

按市场经济原则，一切企业之间的交易都应该在公开竞争下进行，而在关联交易中由于交易双方存在各种各样的关联关系，有利益上的牵扯，交易并不是在完全公开竞争的条件下进行的。但是，关联交易仅仅是一种促进交易完成的方法和手段，它本身是一种中立的事实状态，用简单的利弊分析很难定性。从不利的方面讲，由于关联交易方可以运用行政力量撮合交易的进行，从而有可能使交易的价格、方式等在非竞争的条件下出现不公正情况，形成对非关联股东权益的侵犯。从有利的方面讲，交易双方因存在关联关系，可以节约大量商业谈判等方面的交易成本，并可运用行政的力量保证商业合同的优先执行，从而提高交易效率。因此，法律并不绝对禁止关联交易，关键是对关联交易进行规制，从而确保交易的公平。

依据法律的普通要求，在一项将要发生的商业交易中，如果交易的对方与本企业的大股东或董事经理等存在关联关系，那么决策或参与决策的大股东或有关联关系的董事经理首先必须向董事会或股东会披露关联关系（这也是公司法对大股东、董事设定对公司的忠诚义务的要求），非关联人在决策是否交易时应对交易进行公平性审查，而关联人应当回避决策过程，一旦决定交易还应当向公司的其他股东披露。公司的债权人如认为交易非法也可以采取建议阻却的措施。对于上市公司而言，也可以采用年报、半年报中通过合并会计报表的方式进行披露。此外，独立董事制度在规范上市公司关联交易中也发挥着积极作用。中国证监会关于独立董事的职权规定中把独立董事对关联交易的事前认可作为董事会、股东大会决议的前提条件，要求上市公司披露关联交易事项时，必须提供独立董事事前认可该交易的书面文件。

在我国市场经济体制初建阶段，公司企业中关联交易盛行，特别是上市公司中大股东滥用权力的情况严重，通过让上市公司提供担保、占有公司资产和现金、不公平买卖、以劣质资产抵债等方式侵吞公司利润，损害中小股东利益的情况十分普遍。在发生关联交易的场合，如果出现了侵权现象，有什么救济的手段呢？

第一，交易本身对公司企业是公平的，没有违反《公司法》的强制性禁止规定，但关联企业或关联人没有进行披露，在决策时也未回避。这种情况侵害了公司其他董事和其他股东的知情权。此时，一定数量的董事或满足法定持股比例的股东可以要求决策董事或董事会给予解释或提议举行临时股东会讨论，在审查关联交易的全部信息后由非关联的董事或股东表决是否批准交易。公司的监事会和独立董事应当负有同样的职责，依据公司章程的规定行使监督权。

第二，交易对公司明显不公平，如大股东让上市公司为其债务提供担保或廉价购买上市公司资产或高价向上市公司卖出劣质资产或借用上市公司现金等，无论是否披露信息，都是对中小股东权益的严重侵害。公司的董事、监事应当通过公司章程规定的监督机制或是提议举行临时股东会，或是代表公司向法院提起诉讼解决。公司的中小股东享有同样的权利，可以提起派生诉讼。

第三，公司的债权人如发现公司的大股东或董事利用关联交易方式转移公司盈利可能损害债权人债权利益的，可以向公司提出阻却建议，也可以直接提起否定公司法人资格的诉讼。

第四，政府的税务机关在发现公司通过关联交易转移盈利、逃避税负义务的情况下，可以依税法赋予的职权径行征税并予以处罚，也可以向法院提起以交易的全部当事人为被告的诉讼解决。

八、什么是“公司法人人格否认制度”?

公司的法人人格就好比是公司股东与债权人之间的一

道屏障，公司一旦成立，就脱离股东而成为独立的权利义务主体，以自己的名义开展经营活动，以自己独立的财产承担债务，直至破产为止，债权人不得越过公司直接向股东追索债务。股东的有限责任，是公司法人人格的重要内容，也是公司法人制度的魅力所在。然而，如果公司股东运用“草船借箭”、“瞒天过海”等诡计，滥用公司的独立人格和股东有限责任，借此来逃避债务或者规避法律责任，那么法律就要果断地刺破公司面纱——无视公司的法人人格，否认股东的有限责任，让公司背后的股东直接面对公司债权人来承担相应的责任。

公司法人人格否认制度，在西方又被称为“揭开公司面纱”或者“刺破公司面纱”，我国2005年修订的《公司法》正式规定了这一制度，它是指为了制止滥用公司人格，保护公司债权人或社会公共利益，司法机关可以在特定情况下否认公司的独立人格和股东的有限责任，判令公司股东或实际控制人对公司债务或对公共利益的损害承担责任的一种法律救济手段。

虽然名称上用了“法人人格否认”，但事实上这一制度并不是对公司法人存在的根本否定，而是要求滥用控制权的控制股东或者实际控制人承担法律责任，是对股东有限责任的一种排除。法人人格否认只是公司人格制度的一种例外，不能普遍适用，它只是对特定法律关系中公司人格的否认，而不是全面、彻底、永久的否认，也就是说，法人人格否认只是针对具体个案中公司人格被不适当地滥用而进行纠正，在消除控制股东或者实际控制人的滥用行为之后，该公司又恢复其法人机能，公司法人人格仍然为法律所承认。

九、“公司法人人格制度”适用于什么场合？适用“公司法人人格否认”应符合什么条件？

一般而言，公司法人人格制度适用场合主要有：

第一，公司资本显著不足。

资本是否充足，反映了出资人进行经营的诚意，如果公司从一开始就没有与其运营相适应的足够资本，这就是公司股东有意规避风险的一种做法，即当成功时享有收益，而经营一旦失败，又以有限责任为理由逃避责任。这种做法对于交易的对方，尤其是非自愿的债权人是极其不公平的。值得说明的是，公司是否拥有足够的资本，并不是与最低的注册资本金相比较，而是与公司所经营事业的需求相比而言的，即使公司满足了最低注册资本金的要求，如果获得了重大的商业项目，而公司股东并没有注入新的资本，而是通过借贷的方式来筹措资金，试图“空手套白狼”，也是属于资本显著不足的情况，此时，如果损害了债权人的利益，股东就应当对公司债务承担连带责任。

第二，欺诈或者错误行为。

这里所讲的欺诈或者错误行为包括股东对债权人的欺诈和股东对公司的欺诈或错误行为。股东对债权人的欺诈，主要表现为通过虚假陈述来误导债权人与公司进行交易或业务往来，在需要履行对债权人债权支付的义务时，因公司没有足够的财产而导致债权人受到损失。这主要包括三种常见的情况，第一种是通过对债权人的虚假陈述，使得债权人误以为是在与股东本人进行交易而非与公司进行交易；第二种是新设公司逃债，也就是说，放弃旧公司，重新组建新公司，继续从事原来的业务，利用公司独立人格达到逃避原有公司债务的目的；第三种是分设公司，即股东将原来的一个经营实体人为地分割为不同的公司，这样原来一个公司的资产就被分成若干部分，以降低其资产上的责任。股东对公司的欺诈，主要表现为自我交易，即公司的控制股东以被公司雇用的名义，从公司获得不合理的高额薪酬，这样的行为实质是自我交易，不公平的自我交易被视为欺诈。

第三，公司人格混同。

公司人格混同是指公司与其股东或与另一公司之间没有严格的区别，包括财产混同、业务混同和人员混同。财产混同是指公司的财产与其股东或其他公司在财产方面难以区分，如营业场所或住所相同、账簿不分、资本或其他财产混合等。业务混同主要表现为公司与股东或其他公司从事相同的业务活动；具体交易行为不单独进行，而且受同一控制股东或同一董事会指挥、支配、组织。人员混同则是指表面上相互独立的公司，在控制股东相同的情况下各公司的董事会成员及高管人员等由同一些人担任，每一公司的董事会的决策对其他公司不能完全独立，在系统内可能统一安排有组织的经营行为，使某些被选定的公司故意遭受交易损失，其决策与管理受到操纵。在这种情形下，公司丧失独立的意志和理性人的基本品格。人员混同往往是财产混同、业务混同产生的根本原因，三方面的混同纠结在一起，使公司人格失去独立性，公司完全成为控制股东利用的工具。

第四，股东过度控制。

公司人格存在的前提是公司能够形成自己独立的意志，为实现自身利益的最大化而行为。而在现实经济生活中，公司的运营往往直接受到控制股东的影响。当控制股东为了自己的利益而非公司利益，在公司运营决策、贷款担保、费用支出等方面直接控制超过一定限度，使公司以非正常的方式运营，导致公司从未盈利，或者股东吸干公司资金而未考虑公司的需求和发展，或者公司始终游离在破产边缘。这表明公司受到股东的过度控制，公司人格不具有独立性。这种情况通常发生在一人公司、母子公司或姐妹公司之间。

适用公司法人人格否认应当满足以下条件：

第一，公司已经合法取得法人资格；

第二，控股股东或者实际控制人实行了滥用公司的法人人格的行为，如利用公司逃避债务；

第三，滥用公司法人人格的行为给他人或者社会造成了损害；

第四，有公司之外的债权人（或者受害人）提起否认公司法人人格的诉讼请求，因为公司本身或者公司的股东是不能提起人格否认之诉的。

十、公司转投资有哪些法律限制?

公司转投资是指公司作为投资主体，以自己的现金、实物、无形资产等作为对另一企业的出资，从而使本公司成为另一企业成员的行为。被称为转投资是因为公司本身就是股东投资的产物，公司再将自己的资产向外投资，就等于是将股东的投资转作其他的投资。

公司作为独立的法人，当然拥有自主运用其资金的权利。但是，公司的对外投资行为同时涉及股东和债权人的利益，特别是对于公司的债权人而言，转投资将使其蒙受巨大的风险。道理很简单：假若公司把大部分或者全部资产都转投资出去，那么公司就变成了一个空壳，债权人将不得不接受公司在转投资对象处的权益作为清偿，这实际上导致将公司应当承担的投资风险转移给了公司债权人。所以，法律限制公司的转投资，其目的在于保护债权人利益，防止和避免公司资本虚化。

但是，就实践中暴露出的许多问题来看，原《公司法》第十二条对公司转投资数额的限制显得过于严格。旧法规定公司的累计投资额“不得超过本公司净资产的50%”，这使得许多公司面对着盈利前景甚好的投资项目却只能望洋兴叹。

转投资对于公司资本运营和资源优化配置都具有非常积极的意义：现代公司作为资本企业，公司资本自由流通的范围越大，公司就拥有越多追求利润的空间。而公司转投资正是公司资本自由流通的主渠道，公司通过转投资使资本在市场中流动，充分发挥资本的活性，从而使技术、资金等生产要素不断优化组合，以实现市场资源的优化配置。苛刻地限制公司转投资，将会阻碍社会资源优化配置的步伐。更严峻的是，我国当前尚有很多企业亟须通过资产重组、购并、资本经营来实现高速扩张和规模经营，苛刻地限制公司转投资并不利于现实问题的解决。

可喜的是，新《公司法》已经彻底废除了对公司转投资数额的限制，取消了关于投资公司和控股公司的例外规定。让公司自己决定把资金留在哪里更为合适。从新《公司法》第十五条的规定可以看出，新法对转投资的限制主要体现在转投资的对象上，公司只能向企业投资，但是不能成为对所投资企业债务承担连带责任的出资人。

值得注意的是，我国《合伙企业法》并没有全面禁止公司成为合伙企业的普通合伙人，仅仅出于防止公共风险的考虑，规定国有独资公司、国有企业、上市公司以及公益性事业单位、社会团体不得成为普通合伙人。在我国现有诚信环境下，对于公司的风险防范而言，相当于《公司法》糊好了窗户，而《合伙企业法》却推倒了墙。事实上我国台湾地区《公司法》至今仍然禁止公司成为其他无限公司和合伙事业的合伙人，这种法律规定的潜在风险，只能由公司股东和债权人自行消化。

对于公司债权人而言，在决定进行交易时，需要付出更多的注意和努力来查看公司的对外投资状况。对于公司股东而言，由于公司转投资是对公司资产的重大处置行为，《公司法》第十六条规定：公司向其他企业投资，按照公司章程的规定，由董事会或者股东会、股东大会决议；公司章程对投资的总额及单项投资的数额由限额规定的，不得超过规定的限额。同时，公司可以通过章程规定作出安排，如规定董事会拟以公司名义参加合伙企业为普通合伙人时，得报告公司股东会研究决定。股东会或股东大会进行表决的，有限责任公司需要全体股东同意，股份有限公司需要出席会议的股东所持表决权的2/3以上同意等。

十一、公司可以为他人提供担保吗？上市公司对外担保应遵守什么规定？

公司可以为他人提供担保吗？修订前的《公司法》难以回答这个问题，因为旧法既没有明确公司对外担保的能力，也没有明确规定公司对外担保应受到何种限制，只在第六十三条第三款提到“董事、经理不得以公司资产为本公司的股东或者其他个人债务提供担保”。然而这一规定与其说是对公司担保能力的限制，还不如说它实际上是对董事、经理权限的限制，防止其损公肥私，损害公司的利益。

担保作为一种保证合同履行的手段，对于促进交易具有相当积极的作用，因此，全面禁止公司为他人提供担保的做法是不利于市场发展的。2005年修订后的《公司法》明确规定公司可以对外提供担保，肯定了公司对外担保的能力，其积极意义不言而喻。但公司为他人提供担保也确实存在很大的风险，并不亚于公司对外进行投资。因为公司为他人提供担保，当被担保人不履行债务时，公司将依法承担担保责任，此时担保债务就极易转化为现实债务。

正是因为公司为他人提供担保同时也隐藏着巨大的风险，法律有必要对其进行一定限制。

修订后的《公司法》对公司提供担保的限制主要规定在第十六条。首先，公司为他人提供担保，应当按照公司章程的规定由董事会或者股东会、股东大会决议，并且如果公司对担保总额及单项担保规定有限额的规定，不得超过该限额。第二，公司为其股东或者实际控制人提供担保，客观上容易发生大股东操纵公司并损害中小股东利益的危险，因此必须经股东会或者股东大会的决议；另外应当注意的是，被担保的股东或者被担保的实际控制人所支配的股东，不得参加该事项的表决，该项表决由出席会议的其他股东所持表决权的过半数通过。

同时，修订后的《公司法》也放宽了董事、高管人员的权限，并没有绝对禁止他们作出提供担保的决定，指出前提条件是股东会、股东大会或者董事会同意。第一百四十九条第一款第三项规定，董事、高级管理人员不得违反公司章程的规定，未经股东会、股东大会或者董事会同意，将公司资金借贷给他人或者以公司财产为他人提供担保。

为了加强对上市公司的监管，证监会也出台了相关规定，对上市公司对外提供担保作出了更为严格的限制。《中国证券监督管理委员会、国务院国有资产监督管理委员会关于规范上市公司与关联方资金往来及上市公司对外担保若干问题的通知》（证监发［2003］第56号）第二条规定：

上市公司全体董事应当审慎对待和严格控制对外担保

产生的债务风险，并对违规或失当的对外担保产生的损失依法承担连带责任。控股股东及其他关联方不得强制上市公司为他人提供担保。

上市公司对外担保应当遵守以下规定：

第一，上市公司不得为控股股东及本公司持股50%以下的其他关联方、任何非法人单位或个人提供担保。

第二，上市公司对外担保总额不得超过最近一个会计年度合并会计报表净资产的50%。

第三，上市公司《章程》应当对对外担保的审批程序、被担保对象的资信标准作出规定。对外担保应当取得董事会全体成员2/3以上签署同意，或者经股东大会批准；不得直接或间接为资产负债率超过70%的被担保对象提供债务担保。

第四，上市公司对外担保必须要求对方提供反担保，且反担保的提供方应当具有实际承担能力。

第五，上市公司必须严格按照《上市规则》、《公司章程》的有关规定，认真履行对外担保情况的信息披露义务，必须按规定向注册会计师如实提供公司全部对外担保事项。

第六，上市公司独立董事应在年度报告中，对上市公司累计和当期对外担保情况、执行上述规定情况进行专项说明，并发表独立意见。

第四章　公司设立

一、六千元也可以办公司吗?

小方在大学期间学习刻苦，这学期得到了一笔8000元的国家奖学金。拿到钱以后，头脑灵活的小方并没有像大多数同学那样作为日常开销，而是打算利用这笔资金自己创业，让钱生钱。她早就看准校园市场这块蛋糕，想要开一家日用品代理公司，为同学们提供质优价廉的服务。说干就干，她拉上宿舍的姐妹们谋划开了。开公司是一件好事情，也算是正式创业，大家都很有热情，但是姐妹们也十分担心：就只有8000块钱，能开公司吗？工商局会给我们注册吗？小方微笑着说：没事儿，我问过啦，人家说6000块就能办公司呢！

随着收入的提高与投资意识的增强，很多人开始憧憬起自己开公司、做老板这件事情。在过去，老板梦对于大多数人而言，只能永远停留在蓝图阶段，只有极少数的幸运儿能够突破制度与财力的重重阻碍，办成自己的公司。然而，随着体制改革的深化与各种行业进入门槛的降低，昔日的梦想已经成为越来越多的人可以企及的目标。只要手中有一定量的闲钱，有精明的经营头脑和旺盛的精力，任何人都可以考虑开公司，过一把老板瘾。

资金问题在很多人眼里是设立公司的第一道门槛，日常生活中也常会听到那些有想法的人感慨，我要有钱开公司就好喽。一定的资金量确实是公司各项业务活动有效开展的必要基础，也可以使相关债权人的合法权益得到更好的保护，因此大多数公司立法中都会规定一定数额的最低注册资本。不过，注册资本只是公司设立时的资本信用，并不能代表公司运营时真实的资产信用，并且，公司的初期运营往往并不需要太多的资本，如果法律规定的最低注册资金额过高，不仅使得大笔资金闲置，不利于流通和经济发展，而且，对于大多数创业者，尤其是那些下岗创业的工薪阶层与毕业不久的大学生而言，超出他们的承受能力，将会使得很多有才华但是缺乏财力的创业者在这种限制条件下丧失参与机会。

我国《公司法》在修订之前便存在这样的问题，不仅将公司的出资形式限定为不同行业的几种形式，阻碍了多元化经营的发展，而且规定的最低注册资本数额过高。例如，注册以生产经营为主或者商品批发为主的公司需要人民币 50 万元，商品零售为主的公司需要 30 万元，而最低的科技开发、咨询、服务型公司人民币也需要 10 万元，而且都要一次性缴足。也就是说，一个百姓至少要花 10 年的积蓄（2003 年我国人均国民收入才突破 1000 美元）才能具备设立一个公司所需要花的最低资金额，这与我国的国情不符，使得开公司投资成为“富人的游戏”。与我国的严格限制相反，国外公司法对于公司的设立，尤其是有限责任公司的设立，规定的资金门槛相对较低，只要发起人或股东先期缴付最低单元的资本数量如1美元，公司即可成立，公司资本中未缴足的部分，由公司章程或者股东大会授权的董事会在适当的时候再募集筹足，这一规定相对灵活，使得股东的资金能够最大限度地用在最需要的时候，而不是白白地闲置在公司。

为了适应经济发展的潮流，2005年新修订的《公司法》降低了开办公司的门槛，取消了按照行业区分最低注册资本额的规定，同时将有限责任公司的最低注册资本额降至人民币3万元，股份有限公司的注册资本最低限额降低为500万元。

既然有限责任公司的最低注册资本额为3万元，那为什么案例中的小方如此有把握地说6000元可以办公司？原来修订后的《公司法》同时也规定，公司的注册资本可以分期缴付，首次出资额不得低于注册资本的20%，其余的资本可以在公司成立后2年内缴付完毕；其中，投资公司可以在5年内缴付完毕。也就是说，以3万元作为注册资本，首次缴付6000千元，就可以开办公司了，其余的24000元只要2年内缴足就行。注册资本的分期缴纳制度是新的公司资本制度的一大亮点，这一规定对旧法中注册资本必须一次性缴足进行了修正，使得股东可以更为灵活地选择在公司有经营需要的时候再实际投入资金，同时，也让更多的人离自己的“老板梦”又近了一步。

虽然《公司法》对于公司设立的一般条件有所放松，但是同时也表明了：如果法律、行政法规有更高的规定，从其规定。也就是说，如果国家对于特殊行业或者特殊风险设立了进入限制，仍然需要满足相应的条件才能开办公司。例如，为了保护债权人，防范公司资本虚化，《公司法》规定了设立一人公司的最低注册资本额为10万元，并且需要一次性缴足。

值得注意的是，与合伙企业不同，成立公司的出资方式也有严格的限制。《公司法》第二十七条明确规定：股东可以用货币出资，也可以用实物、知识产权、土地使用权等可以用货币估价并可以依法转让的非货币财产作价出资。但是法律、行政法规规定不得作为出资的财产除外。全体股东的货币出资金额不得低于有限责任公司注册资本的30%。《公司登记管理条例》第十四条规定：股东不得以劳务、信用、自然人姓名、商誉、特许经营权或者设定担保的财产等作价出资。

因此，在现行《公司法》框架下，“6000元也可以办公司”的说法不无道理，但是，我们也不能误解为“只要有6000元就万事大吉，就可以安心当老板了”。6000元仅仅只是完成设立公司首次的缴付额度，实际上股东首次认缴的出资额应当是至少3万元，其中，货币资金的出资应当不少于9000元。并且，如果设立的不是投资公司，这笔资金至迟不得超过2年必须缴付完毕。所以，虽然有了8000元，小方和她的姐妹们的老板梦也仍然需要进一步努力呢。

二、股权可以用作公司的出资吗？以股权作为出资，需要满足什么条件？

平安市中天集团旗下有两家子公司，中天百货公司和中天餐饮公司。为拓展业务，中天集团联合另外五家公司成立了新的控股公司——中天实业公司，以其持有的中天百货公司51%的股权作为出资。一石激起千层浪，中天集团的这一举动在平安市的媒体引起了广泛讨论，大家争论得十分激烈。那么，在《公司法》的框架下，哪些财产可以用作公司的出资呢？股权可以作为出资吗？

股权出资行为是指公司股权持有人，也就是投资人，以其持有的有限责任公司或股份有限公司的股权作为出资，并以转让或划拨方式投资于其他公司作为股东，参与所投资公司经营管理的行为。

对于股权是否可以用作公司出资，有人认为，股权不能作为出资，《公司法》明确规定了股东的五种出资方式，其中并没有提到股权；并且，股权的价值不能和实物、货币相比，股权具有不稳定性，价值变动较大，可能会对公司其他股东和公司的债权人带来风险。相反的观点则认为：股权出资，实际上是一个股权转让的问题，既然股权可以转让，为什么不能作为出资？尽管股权的价值经常处于变动之中，但不能因此而否认股权是一种能够确定其价值的财产。股权可以依法转让而其价值可以估算，符合《公司法》对出资标的物的要求，可以用作出资。

《公司法》第二十七条规定：股东可以用货币出资，也可以用实物、知识产权、土地使用权等可以用货币估价并可以依法转让的非货币财产作价出资。但是法律、行政法规规定不得作为出资的财产除外。这一规定表明，股东用以出资的财产需要满足三个条件：其一，可以用货币股价；

其二，可以依法转让；其三，法律不禁止。股权可以估价，也可以转让，同时没有法律明文禁止，依据《公司法》的规定，当然可以用作出资。事实上，股权作为出资，对于拓展企业融资的范围、缓解企业融资困难的状况，具有相当积极的作用。

《公司法》对于出资方式的拓展性规定是为了适应经济发展和财产权表现形态不断丰富的需求。但是，允许股权作为出资，与其他的财产权出资相比，确实存在特殊风险，法律对此也给予了一些限制性规定。根据 2009 年 3 月 1 日开始实行的《股权出资登记管理办法》，以股权作为出资，需要满足以下条件：

第一，投资人用于出资的股权权属明晰、权能完整，依法可以转让。

具有下列情形的股权不得用作出资：

（1）股权公司的注册资本尚未缴足；

（2）已被设立质权；

（3）已被依法冻结；

（4）股权公司章程约定不得转让；

（5）法律、行政法规或者国务院决定规定，股权公司股东转让股权应当报经批准而未经批准；

（6）法律、行政法规或者国务院决定规定不得转让的其他情形。

第二，用于出资的股权应在投资人首次出资时由法定评估机构进行评估作价，股权评估作价或无偿划转的国有净资产实有价值应与投资人的出资额相对应。评估机构应当依法进行评估，不得高估或低估作价；评估情况（或无偿划转国有净资产的审计情况）应在会计师事务所出具的验资报告中载明。

第三，股权作为出资，以及出资股权评估作价应当经被投资公司股东一致同意。投资人以持有的有限责任公司股权实际缴纳出资的，股权公司应当向公司登记机关申请办理将该股权的持有人变更为被投资公司的变更登记。投资人以持有的股份有限公司股权实际缴纳出资，出资股权在证券登记结算机构登记的，应当按照规定经证券交易所和证券登记结算机构办理股份转让和过户登记手续；其他股权依照法定方式转让给被投资公司。法律、行政法规或者国务院决定规定股权公司股东转让股权必须报经批准的，还应当依法经过批准。

第四，公司设立时，投资人以股权出资的，自被投资公司成立之日起一年内，投资人应当实际缴纳，被投资公司应当办理实收资本变更登记。公司增加注册资本时，投资人以股权出资的，应当在被投资公司申请办理增加注册资本变更登记前实际缴纳。设立登记的股权和其他非货币财产出资额之和不得高于被投资公司注册资本的70%。

第五，涉及国有股权的，其评估作价或无偿划转的应经国有资产管理部门确认、批准。

三、债权可以用作公司的出资吗？以债权作为出资需要满足什么条件？

债权出资是指投资人以对被投资公司的债权作为出资

(也称债转股)或者以依法发行的国债、地方债、公司债或企业债作为出资，取得被投资公司股权的行为。实践中，债权出资主要有四种表现形式：

第一，债权人将原先对公司拥有的债权转变为对公司的出资。

例如，甲原先对A公司拥有100万元的债权，后经双方协商一致，甲将拥有的100万元债权转变为A公司的股权，甲从A公司的债权人转变为A公司的股东。目前，国有银行剥离不良贷款执行的债转股就属于这种形式，即先由国有银行将不良贷款转让给金融资产管理公司，再由金融资产管理公司与债务人企业签订债权转股权协议，将金融资产管理公司持有的债权转变为股权。

第二，债权人把对第三人的债权转变为对公司的出资。

例如，甲对乙拥有100万元的债权，后甲以出资方式将此债权折价入股A公司，成为A公司的股东。这种情况实际上是甲通过出资入股的方式，将自己对乙拥有的债权转让给A公司，同时也将乙不能偿还债务的风险转移给A公司。A公司的股东一般会要求将该债权的账面价值作贬值处理，并要求甲提供一定的担保，或者对甲的股权作一定的限制。

第三，公司原来的股东把对公司的债权转变为新的出资。

例如，甲是A公司的股东，同时A公司曾经向甲借款50万元，后经其他股东同意，甲将对该公司拥有的50万元债权转变为股权，增加自己对该公司的出资。这种出资方式在现实经济生活中比较常见。

第四，公司原来的股东把对第三人的债权转变为新的出资。

例如，甲是A公司的股东，乙曾经向甲借款50万元，后经A公司其他股东同意，甲将对乙拥有的50万元债权转变为对A公司增加的出资。这种出资方式同第二种出资方式一样，会将债权不能实现的风险转移给公司。

对于债权是否可以用作公司出资，反对者认为债权实质上是一种请求权，不是具体的财产。在债务最终履行之前，存在着大量导致债权不能实现的风险。如果缺乏合理、有效的监督机制，很难保证债权出资的真实性。除此之外，一些人反对债权出资的一个重要理由是债权难以评估。而支持债权出资的人则认为，债权用于出资有其合理性和必要性。我国现行法律虽然没有明确肯定债权出资，但在现实经济生活中确实已经存在大量将债权作为出资的情况，而且债权出资在现行政策中也有先例。例如，最高人民法院《关于审理与企业改制相关的民事纠纷案件若干问题的规定》第十四条明确规定，债权人与债务人自愿达成债权转股权协议，且不违反法律和行政法规强制性规定的，人民法院在审理相关的民事纠纷案件中，应当确认债权转股权协议有效。此外，国家有关部门也出台了相关政策支持国有银行以债转股方式剥离不良贷款。

根据《公司法》第二十七条的规定，股东出资方式有两大类：一是货币出资，货币出资是公司资本的重要组成方式，适当比例的货币出资，能够保证公司具备正常运营必要的流动资金。二是可以用货币估价并可以依法转让的非货币财产，主要包括实物、知识产权、土地使用权，实物出资的财产可以是厂房、设施设备、机器、运输工具以及其他的生产资料。知识产权包括著作权、专利权和商标权，非专利技术也可以用作出资。土地使用权用作出资应当遵守国家的相关规定。需要注意的是，以非货币财产作为出资，应当经过评估作价，有的还需要办理财产权的转移手续。可见只要满足可以估价以及依法转让的条件，《公司法》即允许用作公司出资，包括探矿权、开采权，等等。反对债权出资的观点也多是从操作角度而非法理角度进行否定。公司设立时，债权人以对第三人享有的债权转让给公司作为出资，实质上为债权的转让，当债权人通知债务人时即发生效力。尽管公司作为一种商主体，盈利性为其根本特征，吸收一个股东的债权作为出资，公司增加了追债的成本，无形中也就增加了公司设立的成本，但是公司毕竟只是一个商事组织，只要股东间的协议不损害国家、社会公共利益和第三者的利益，法律未加以禁止，就应当允许其进行此种约定。

但是，与股权类似，以债权作为出资，也并非没有约束，作为出资的债权应当满足以下条件：

第一，用于出资的债权应当是货币债权或者债务人书面同意转化为货币债权的其他债权。债权的可评估性仅表明其价值可以判定，但是并不能在债务人不同意的情况下将非货币支付债权的标的转化为货币支付。非货币债权的标的情况复杂，除非确实为公司生产经营所实际需要，否则不得作为对公司的出资，因其对公司不具有出资的效应。

第二，债权应具有确定性。附条件的债权不得作为对公司的出资，因其能否生效或维持效力具有不确定性。

第三，用以出资的债权应为未到期的债权。对已经到期的债权，债权人完全可以将债权收回后以现金或相应标的物作为出资。用已经到期的债权作为出资，将会单纯使债权回收的风险被转嫁给公司。

第四，债权人应当保证该债权没有瑕疵。股东以债权出资后，股东的债权转为股权，成立新的债权债务关系，即公司为债权人，债务人仍为债务人，当债务人不能履行给付义务时，债权人可通过向法院起诉等方式追回债权，而基于债权债务的相对性，股东无须对该债权无法收回的不利后果承担责任。但是如果债权人故意以已经消灭或者无效甚至是不存在的债权出资必然导致出资不实。若债权到期不能够得到清偿，应由该出资股东补缴；公司因此受到损害，该出资股东必须负赔偿责任。

第五，设立公司债权出资和其他非货币财产出资，不得超过公司注册资本的70%。

四、设立公司一定要经过审批吗?

公司设立，是指公司设立人为取得公司法人资格而依法完成法律所规定的各种要件的行为，而法律规定的这些要件实际上就反映了政府对公司设立的态度。从各国立法实践来看，法律对公司设立采取的原则先后经历了自由主义、特许主义、核准主义与准则主义几个阶段。所谓自由主义，是指设立公司既不需要任何程序，也不必经过许可批准，国家不采取任何干预政策，完全由设立人自由行事。特许主义是指公司必须经过专门的法律或命令的批准才能成立进入市场，一般是通过国家元首发布命令、政府特许、由国家立法机关制定特别法律许可三种方式来设立公司。核准主义是指公司的设立需首先经过政府行政机关的审批许可，然后再经政府登记机关登记注册方可设立。而准则主义也称登记准则主义，是指法律规定设立要件，市场主体只要符合这些要件，经登记机关依法登记即可成立，而无须政府行政机关的事先审批和核准。

2005 年 10 月完成的《公司法》修订中比较彻底地贯彻了准则主义，即一般的公司包括一人公司凭借当事人的意志就可以设立，但某些特殊行业中设立公司由法律、行政法规规定须报经有关部门审批的，投资者在申请设立登记前以预先核准的企业名称首先报请政府机关批准，公司的经营范围中凡须报经政府机关批准的，可在设立登记前报经批准，也可在公司成立后以公司名义申请批准。从总体上来看，我国企业设立基本上贯彻了注册制，需要审批设立的情况有如下几种：

第一，产业管制政策专属审批。

在现代社会经济体系中，某些行业的企业一经设立，单个的企业就会拥有浩大的资本和现金流量，它们占有国家的重要经济资源，与国家的经济安全和国民的生活保障息息相关。政府关注这类企业的经营状况，同时为了确保新设企业的质量，合理分配垄断性经济资源，保障政府经济发展和社会发展计划的实现，通过审批来掌控这些行业的经营格局是必要的。对进入这些行业的新设企业的产业管制政策性审批包括中国人民银行对金融企业的审批，中国中央政府的证券监管机关、保险业监管机关对证券公司、信托投资公司、保险公司类企业的审批，国家发改委和国务院对新建企业伴有投资额巨大的建设项目的审批，地方政府、中央政府有关部门或国务院对电信企业、能源企业、进出口贸易企业、高新技术企业、外商投资企业的审批等。此外，在我国设立股份有限公司，凡向公众发行股份须由国务院证券监管机关审核批准。

第二，特殊行业经营资格确认审批。

现代社会中，千千万万个企业设立后生产的产品品种或提供的商业服务项目不断细化，许多行业中企业经营的产品和服务与国计民生关系密切，涉及公共安全的保障和公众利益的维护，政府不仅对这类行业的经营活动制定出严格的标准，而且对进入到这类行业的企业的资格予以审查，以把不合格的经营者封堵在市场门外。政府有关部门对经营危险化工产品、对环境存在重大影响的产品、涉及人身健康的医药保健产品、汽车生产、锅炉生产、烟酒类产品、计量器具产品、民用航空服务、律师会计师服务、旅游服务、进出口商检服务、印章制作服务、典当业、民用建筑、房地产开发等企业设立的申请依法履行审批职责。新设企业拟从事的经营业务如包含有前述项目的，须在企业申请登记前先行报请政府有关部门审批。

第三，对外商投资企业的专项审批。

目前，我国还保留有对外商投资企业的审批制度，凡在我国境内设立的中外合资经营企业、中外合作经营企业、外资企业、外商投资合伙企业及外商个人独资企业、外商投资个体工商户，均须经过商务部门或国务院授权的部门批准。

五、如何设立有限责任公司?

《公司法》对于有限责任公司的设立采取的是准则主义，只要满足法定条件，在工商行政机关进行登记即可设立。具体而言，设立有限责任公司需要满足以下条件：

第一，股东符合法定人数。

我国《公司法》第二十四条规定：有限责任公司由50个以下股东出资设立。公司设立人既可以是法人，也可以是自然人。作为自然人的设立人，应当具备完全的行为能力，在法律上不受特别限制。作为法人的设立人一般不应是政府机关。自然人或法人可单独设立一人有限责任公司，但是国有独资公司除外。

第二，股东出资达到法定资本最低限额。

股东出资是股东依法应履行的义务，是取得股东地位、行使股东权的前提条件。按照修订后的《公司法》规定，有限责任公司注册资本为在公司登记机关登记的全体股东认缴的出资额；有限责任公司的最低法定资本额为3万元（法律、行政法规对有限责任公司注册资本的最低限额有较高规定的，从其规定），允许公司设立时设立人的出资分期缴付，首次出资额不得低于注册资本的20%，并不得低于法定注册资本最低限额，其余部分自公司成立后2年内缴付完毕，其中，投资公司可以在5年内缴清；一人公司法定最低资本金为10万元，且不允许分期缴纳。

第三，股东共同制定公司章程。

公司章程是依法设定公司内部的法律关系，确立公司内部管理体制和公司运行程序，明确股东及公司机关权利义务关系的法律规则，是公司有效成立的必备法律文件。一般来讲，公司的成立从订立公司章程开始，到设立登记结束。

第四，有公司名称，建立符合有限责任公司要求的组织机构。

公司的名称是一个公司的标志符号，使得该公司与任何其他的机构、企业和个人相区别。

有限责任公司的组织机构是指依《公司法》和外商投资企业法律的规定而设立的公司各机关。公司的组织机构有股东会、董事会、监事会和经理系统。这些机构的组成、运作程序、职权分配等都要明确地予以规定，体现在公司章程中。一人公司不设股东会，外商投资企业的有限公司设不设股东会由公司章程选择，规模较小的有限公司可以设立执行董事、监事而不设董事会、监事会等。

第五，有公司住所。

公司的住所是其主要机关的所在地，住所应在企业章程中载明并在公司登记机关予以登记，据以同其客户进行正常的业务联系和办理其他事务，便于政府实施管理、征取税收、确定诉讼管辖、确定法律文件受送达的地址、确定债务履行的处所、确定登记机关等。

在满足了相关法律条件后，有限责任公司的设立还必须遵守特定的法律程序，从而使之合法成立。这里所讲的程序，不是从一般意义上讲工作进展的步骤，而是与企业成立的实质条件相联系的必要活动事项。当各股东就成立公司形成一致意见后，首要的工作是先行向公司注册机关申请公司名称预先核准。公司的创办人需要以核准的公司名称制定公司的章程，以及办理其他有关公司设立的事项，如落实公司的住所、开设公司账户以便接受股东的货币出资、设立公司依法须经批准或者公司的营业项目须经批准的办理报批手续等。核准的公司名称不可以被用来开展经营活动。

第一，股东履行出资义务。

缴纳出资是有限责任公司股东的必要义务，也是公司设立的基本条件。关于出资缴纳的期限，各国公司立法的规定存有差别，一是实行法定资本制，由股东一次性全额缴纳认缴的资本，而后申请设立公司；二是实行授权资本制，即由股东会授权董事会依据公司需要决定发行公司资本，公司成立不以股东向公司的入资为条件；三是折中资本制，即公司注册资本须等于或高于法定最低资本额且被全部认购，股东先行缴纳部分资本，公司就可以设立，其余部分在法律规定的期限内缴清。我国采用前述第三种方式。《公司法》第二十六条规定，股东应当先行缴纳注册资本的20%，公司就可以设立，其余部分自公司成立后2年内缴足，投资公司可在5年内缴足。一人公司则须一次性缴清注册资本。

股东的首次出资义务履行完毕后，必须经依法设立的验资机构进行验资，验资合格，则出具相应的验资证明。验资机构出具的验资证明是公司设立登记时必须提交的法律文件（股东依据公司章程的规定补足缴纳出资，改变实收资本时仍应提交验资证明，《公司登记管理条例》第三十二条对此作了规定）。

有限责任公司成立后，发现股东的非货币出资财产价值显著低于章程所定价额的，应由缴付该出资的股东补足差额，公司设立时的其他股东承担连带责任。公司成立后，股东不得抽逃出资。

第二，办理审批手续。

根据我国《公司法》及其他有关企业立法的规定，成立公司如遇下列情况应事先申请政府有关部门批准。这种批准分两种情况，一是某行业的公司由某特定的政府机关审批并进行业务监督管理，如设立保险公司需经国务院所属的保险业监督管理委员会批准；二是公司的经营范围内有的经营项目应经特定政府机关的审查批准，如设立的公司生产含有放射性物质的消费品的项目需经卫生行政管理部门批准等。申请报批应当以预先核准的公司名称提出，一般应向政府机关提交申请书、公司章程、公司资信能力证明、营业场地使用证明、股东名册、企业名称预先核准通知书等文件。不同的审批机关根据行政许可事项的特点提出适当要求的其他文件，申请人应当予以满足。根据我国2004年7月1日施行的《行政许可法》的规定，行政许可的申请可以书面提出，也可以以电子方式提出，审批机关自接到材料齐全、形式合法的申请文件后，除当场作出行政许可决定的外，应当在20天以内批准，情况特殊的经行政许可实施机关负责人批准延长10日。行政许可以联合方式办理的，时间为45日，情况特殊需延长时间的，经同级人民政府负责人批准延长15日作出行政许可决定。需要延长的，应当将延长期限的理由告知当事人。

第三，办理注册登记手续。

公司设立不涉及政府审批的，可直接申请注册登记；需经批准的，则待批准文件下发后申请注册登记（批准文件生效后90日以内得办理公司设立申请，超过的须重新确认其效力或另行报批）。注册登记由全体股东指定的代表或共同委托的代理人向公司登记机关申请。依据2005年12月27日公布的修订后的《公司登记管理条例》第二十条的规定，申请登记时应当向公司登记机关提交下列文件：

（1）公司法定代表人签署的设立登记申请书；

（2）全体股东指定代表或共同委托代理人的证明；

（3）公司章程；

（4）依法设立的验资机构出具的验资证明，法律、行政法规另有规定的除外（笔者注：这主要指外商投资企业法律有不同的规定）；

（5）股东首次出资是非货币财产的，应当在公司设立登记时提交已办理其财产权转移手续的证明文件；

（6）股东的主体资格证明或者自然人身份证明；

（7）载明公司董事、监事、经理的姓名、住所的文件以及有关委派、选举或者聘用的证明；

（8）公司法定代表人任职文件和身份证明；

（9）企业名称预先核准通知书；

（10）公司住所证明；

（11）国家工商行政管理总局规定要求提交的其他文件。

外商投资的有限责任公司的股东首次出资额应当符合法律、行政法规的规定，其余部分自公司成立之日起2年内缴足，其中，投资公司在5年内缴足。法律、行政法规或者国务院决定规定设立有限责任公司必须报经审批的，还应当提交有关的批准文件。

公司登记机关对申请文件作形式审查，对公司章程作法律审查，符合有限责任公司条件的予以设立登记并发给《企业法人营业执照》，公司即告成立。公司凭公司登记机关核发的《企业法人营业执照》刻制印章，开立银行账户，申请纳税登记。

六、设立股份有限公司有哪几种方式？

股份有限公司的设立不同于有限责任公司的设立，法律对其规定了两种设立方式——发起设立和募集设立，除法律有明确限定的以外，设立人可选择其中的一种。无论是发起设立还是募集设立，均是就公司资本的投入与集中所言的，这突出了公司资本在股份公司产生和运营中的核心作用。什么是发起设立与募集设立？它们实现的程序又是如何呢？

（一）发起设立

发起设立是指公司发起人把拟设公司的全部股份一次性全部认购，并不向社会募集任何数量股份的股份有限公司的设立方式。公司成立后，如需增加资本，再向特定人员招募资金或向社会公众公开募集资本。依照我国《公司法》第八十一条的规定，以发起设立方式设立股份有限公司的，注册资本为在公司登记机关登记的由全体发起人认购的股本总额。发起人以书面形式认足公司章程规定发行的股份后，首次应至少缴付20%的股份资金，其余部分由发起人自公司成立之日起2年内缴足。其中，投资公司可以在5年内缴足。在缴足前，公司不得向他人募集股份，包括不得公开募股和向特定对象募股。事实上，在发起设立的情形下，公司章程规定的发行的股份是公司注册资本金额的分解，发行股份总体上所表示的金额应等于注册资本。

适用发起设立的方式成立股份有限公司的，需要遵从以下程序步骤：

（1）适格的发起人共同签署发起协议。其内容主要是确定公司的组建方案，确定公司设立的宗旨，确定公司的注册资本总额与股份总数，确定发起人认购的份额、交付实物和缴纳股款的时间和方案、发起人之间的职责分工等。

（2）由全体发起人指定的代表或者共同委托的代理人向公司登记机关申请公司名称预先核准。

（3）制定公司章程。公司章程是公司设立和活动的基本准则。章程须由全体发起人共同制定并共同签署。

（4）履行审批手续。目前我国对于股份有限公司也采取准则主义的设立方式，一般不需要经过审批，特殊情况需要办理审批手续的主要包括：法律、行政法规规定必须报经批准，以及设立的公司的经营范围中属于法律、行政法规规定须经政府批准的项目。

（5）发起人以书面形式认足公司章程规定发行的股份。全体发起人决定一次缴纳的，应即缴纳全部出资；分期缴纳的，应即缴纳不低于注册资本额20%以上的出资。其中，货币出资不得低于公司注册资本的30%。

（6）全体发起人缴付首次出资完毕后，应当选举董事会和监事会，组成公司的领导机关。而后，由董事会向公司登记机关申请公司设立登记。

（7）经公司登记机关进行法律审查和形式审查无误后发给《企业法人营业执照》，公司即告成立。

（二）募集设立

募集设立是指由公司发起人认购公司全部发行股份的一部分，但不能少于法律规定的认购比例，其余股份向社会公开募集或者向特定对象募集，使公司得以成立的股份有限公司的设立方式。依据我国《公司法》的规定，采用募集设立方式设立股份有限公司的，发起人首先要认购公司应发行股份总额的35%以上，其余部分的股份才可以向社会公众公开募集或者向特定对象募集（俗称私募）。特定对象的数目应不超过200人，而且根据《证券法》的规定不可以采用广告、劝诱等公开方式募集。向特定对象募集不需要经国务院证券监督管理机构批准。可以看出，募集设立与发起设立最大的不同在于：募集设立的方式下，股份有限公司的发起人只需要认购公司注册资本的一部分，其余部分可以向他人募集；在发起设立的方式下，发起人必须认购公司注册资本的全部，对于发起人经济实力的要求较高。

以募集设立方式设立公司，需要遵守以下程序步骤：

（1）符合法律要求的发起人共同签署发起协议。

（2）由全体发起人指定的代表或者共同委托的代理人向公司登记机关申请公司名称预先核准。

（3）由全体发起人共同制定并签署公司章程。发起人制定并签署的公司章程，尚不是公司的正式章程，在公司全部股份募足后，还应召开公司创立大会，对公司章程进行讨论，也可作出修改，最后经出席会议的发起人、认股人共同所持表决权的过半数通过，方成为公司的正式章程。

（4）以预先核准的公司名称申请有关的批准。

（5）由全体发起人以书面形式认购公司章程确定的股本总额的35%以上，并且全额实际缴付。

（6）发起人向社会公开募集或者向特定对象募集股份，筹集公司注册资本中除发起人认缴部分以外的其余资金。发起人向累计不超过200人的特定对象募集资金的，属于私募，不直接涉及公众持股，不需要经由国务院证券监督管理机构核准，但发起人不得以广告、劝诱、变相公开的方式招募资金。发起人向社会公开募集股份，直接关系到社会公众尤其是投资者的切身利益，为防止发起人以募股为名非法集资或从事商业欺诈活动、保护投资者利益、维护社会经济秩序，我国《公司法》、《证券法》规定了一系列管制措施，包括应当经过国务院证券监督管理机构核准，程序较为复杂。

（7）召开公司创立大会。全体发起人应当自股款缴足之日起30日内主持召开公司创立大会。公司创立大会由发起人、认股人组成。发起人应在创立大会召开15日前将会议时间、地点通知认股人或者予以公告通知。创立大会应由代表股份总数过半数的发起人、认股人出席，方可举行。

发行的股份超过招股说明书规定的截止期限尚未募足的，或者发行的股份的股款缴足后发起人未在30日内召集创立大会的，认股人可要求退还所缴股款及加算银行同期存款利息。创立大会由全体认股人参加，创立大会决议公司不设立的，公司就不能成立，由发起人负责处理善后事宜。发起人、认股人缴付的股金，除未按期募足股份、未按期召开创立大会或者创立大会决议不设立公司的情形外，不得撤回。创立大会决议不设立公司后，首先退还认股人缴付的股款及同期存款利息。

创立大会决议成立公司的，由公司的股东大会代替创立大会。

（8）申请设立登记。公司创立大会决议成立公司的，在创立大会结束后30日内，由创立大会选举的董事会机构向公司登记机关申请登记成立。

股份有限公司经公司登记机关登记后，领取《企业法人营业执照》，宣告公司成立。

七、发起人有哪些特别的责任?

股份有限公司的发起人是指为设立公司而依照法定条件和法定程序进行筹办事务并享有法定权利和承担法定义务的人，包括企业法人和个人。股份公司成立后，发起人为公司第一批股东。我国《公司法》规定在 2 人以上 200 人以下的发起人中，须有过半数的发起人在中国境内有住所。此外，作为自然人的发起人，应当具有完全的民事行为能力，且不具有国家公务员的身份；法人作为发起人的，是可以从事商业活动的经济组织和科研、事业单位，国家机关法人不可以直接作为发起人，应贯彻政企分开的原则。

发起人所从事的活动是公司设立活动中依法必须的，发起人就是公司的设立人。公司的产生须以发起人集体达成公司设立的共同意思为起点，发起活动是发起人的一种共同的民事和商事行为，所以，法律要求发起人通过签订发起人协议明确各自在公司设立过程中的权利和义务。在公司设立过程中，发起人的活动有时是以自己的名义进行，有时是以尚未成立的公司名义进行，因此，一般将发起人认为是设立中的公司的意思机关，发起人的行为是设立中的公司的行为，其对外代表设立中的公司。而普通的不承担发起人责任（即不在发起协议上签字）的认购股份的人，与发起人有严格区别。如果公司能有效成立，发起人即转为股东，其发起行为所产生的权利与义务转由公司承受；如果公司设立不成功，其行为所产生的权利义务无法转归公司，只能由发起人集体承担。

发起人的权利主要是：有权签署发起协议；有权首先认购公司的股份；有权制定公司的章程；有权为其设立活动领受报酬。其义务是：为设立活动尽职尽责，忠诚勤勉；履行公司设立的各种报批手续，缴付认购的股份款项；在募集设立达不到公司注册资本时应负补缴之责任；发起人中如有人以非货币的方式投资，投资的财产所估价格偏高，损害公司利益、其他股东利益和公司债权人利益的，该投资人和其他发起人应负连带补偿责任；公司设立不成功，则要向其他认股人连带承担退还股款及利息，并负赔偿他人损失的责任。

由于在股份有限公司设立过程中，发起人的作用是至关重要的，其筹办公司的行为事关债权人、股东及公司的利益，各国公司法一般都对发起人规定有较为严格的责任，我国《公司法》也不例外。具体而言，发起人需要承担以下特殊的责任：

第一，发起人对公司不能有效成立的责任。

依据我国《公司法》第九十五条的规定，股份有限公司不能成立时，发起人需要承担以下连带责任：（1）对设立行为所产生的债务和费用负连带责任；（2）对认股人已缴纳的股款，负返还股款并加算银行同期存款利息的连带责任。

这一规定的立法目的在于保护债权人、认股人以及社会公众的利益，防止欺诈行为，维护社会稳定。但是，应当明确的是：公司如有效成立，设立公司的必要行为所产生的债权债务经创立大会审核后归属公司；设立公司的关联行为所产生的债务，在章程中记载的设立费用的限度内，由公司负责；不属于设立公司的行为或不属于发起人权限范围的行为所产生的债务和超出章程记载的设立费用限额的部分由发起人承担。

第二，出资不足或者有瑕疵的补缴与补足责任。

根据我国《公司法》第九十四条的规定，股份有限公司成立后，发起人未按照公司章程的规定缴足出资的，应当补缴，其他发起人对此承担连带责任；发起人作为设立公司出资的非货币财产的实际价值显著低于公司章程所定价额的，应当由交付该出资的人补足其差额，其他发起人承担连带责任。

第三，发起人在设立公司过程中有过失行为的应承担赔偿责任。

发起人在设立公司过程中应当勤勉、谨慎、尽职尽责，不允许有懈怠行为发生。否则，要承担损害赔偿责任。由于发起人的疏忽或大意，或使公司受到损失，或使公司设立存有瑕疵，或因恶意或有重大过失使第三人受到损害的，发起人均应承担赔偿责任。

第五章　公司章程

一、如何制定和修改公司章程?

公司章程是依法设定公司内部的法律关系、确立公司内部管理体制和公司运行程序、明确股东及公司机关权利义务关系的法律规则，是公司有效成立的必备法律文件。一般来讲，公司的成立从订立公司章程开始，到设立登记结束。我国《公司法》第二十三条规定有限责任公司设立的条件之一是“股东共同制定公司章程”。股东共同制定公司章程，表明公司章程的各项规定应由全体股东参与制定，从实务角度讲，公司章程上应有全体股东或股东代表的签名、盖章，这与股份有限公司仅以发起人订立章程有别，它体现了有限责任公司的人合因素。一人公司的章程当然由设立公司的唯一股东制定。

对于股份有限公司，其章程的制定方式根据设立的方式不同而有所不同。由于在发起设立方式中并不向社会成员公开募集或者向特定对象募集股份，全体发起人即是设立后公司的全体股东，因此，发起人制定和签署的章程即为公司的正式章程，在公司登记成立前或公司成立后，章程可由发起人依法定程序修改。在募集设立方式下，发起人制定和签署的公司章程不是正式章程，在公司全部股份募足以后，还应当召开公司创立大会，对公司章程进行讨论，也可作出修改，最后经出席会议的发起人、认股人共同所持表决权的半数通过，方可成为公司的正式章程。

公司章程的记载事项，一般包括绝对必要记载事项和任意约定记载事项。绝对必要记载事项是涉及公司重大问题的内容，是由法律强制性规定应体现在公司章程内的，没有它们中的任何一项，公司就不可能有效成立；任意约定记载事项，法律不作列举，但可能与股东的某些特殊因素或经营之事业有必要关联，只要不违反法律和社会公德，不以损害第三人利益为目的和结果，股东均可以在章程中作出约定。绝对必要记载事项会在《公司法》中明确列举；任意约定记载事项在《公司法》中一般作提示性指引。

我国《公司法》第二十五条规定了有限责任公司章程的记载事项：第一，公司名称和住所；第二，公司经营范围；第三，公司注册资本；第四，股东的姓名或者名称；第五，股东的出资方式、出资额和出资时间；第六，公司的机构及其产生办法、职权、议事规则；第七，公司法定代表人；第八，股东会会议认为需要规定的其他事项。前述七项是法律规定的有限责任公司章程的绝对必要记载事项，第八项是法律对任意记载事项的概括性许可。任意约定记载事项的范围一般有：公司经营的期限；股东会的议事方式和表决程序；公司对外担保和对外投资事项的决定程序；奖励与惩罚的制度；股份转让的安排；股东权利与义务的特殊安排；公司利润分配的特殊安排；公司解散的事由；章程修改等。

我国《公司法》第八十二条规定了股份有限公司章程应当记载的内容：公司名称和住所；公司经营范围；公司设立方式；公司股份总数、每股金额和注册资本；发起人的姓名或者名称、认购的股份数、出资方式和出资时间；董事会的组成、职权和议事规则；公司法定代表人；监事会的组成、职权和议事规则；公司利润分配办法；公司的解散事由与清算办法；公司的通知和公告办法；股东大会会议认为需要规定的其他事项。

由于章程是公司的基础性法律文件，其修改程序也较为严格，《公司法》第四十四条与第一百零四条分别规定了有限责任公司与股份有限公司修改章程的条件，必须在股东会或者股东大会上经代表2/3以上表决权的股东通过方可。

二、公司章程规定能否对抗第三人？

某市某金属总公司的章程中规定：“董事会是总公司的最高权力机关，其下属分公司经理等高级管理人员的任免需经过董事会讨论决定，由董事长签字才能生效。”2008年4月，金属总公司总经理王某未经董事会讨论通过，擅自以总公司的名义，任命赵某为其下属A分公司的经理。该分公司是2008年4月设立的，不具有独立的法人地位，但取得了工商行政部门颁发的“营业执照”。2008年6月，赵某持某金属总公司A分公司的营业执照，向中国银行某支行申请流动资金贷款12万元，期限为3个月。由于A分公司经营管理不善，到2008年9月贷款到期时，只能偿还贷款2万元，还有10万元无力偿还。银行找到该金属总公司，要求其承担下属公司的贷款债务。总公司并不认可赵某的借款是代表公司的行为，因为赵某的任命没有经过董事会讨论，不符合总公司章程的规定，因而赵某无权代表该分公司。银行的要求遭到拒绝后，遂以该金属总公司及其A分公司为共同被告，向法院提起了诉讼。法院会支持银行的请求吗？

公司章程的订立是公司股东为设立公司所进行的法律行为，其生效要求股东意思表示真实、章程内容合法，而且章程订立的程序以及章程的表现形式也必须符合法律规定。根据我国《公司法》的规定，公司章程一经订立，对公司（包括股东会、董事会、监事会机关）、股东、董事、监事以及高级管理人员均有法定的约束力。

但是，公司章程能否对交易第三人生效呢？公司能够援引章程的规定对抗第三人吗？这涉及公司章程的性质问题。

关于章程的性质，理论界进行了许多探讨，至今未能形成定论，但可以从以下两个方面进行理解：

第一，章程是规定公司组织和行为的基本法律文件，有人称其为自治规章，又有公司宪法之称；公司章程规定公司的宗旨、性质、资本构成、组织机构、营业范围、议事规则以及公司的变更、终止以及股东的权利和义务等内容，因而公司章程对公司、股东、董事、监事、高级管理人员具有约束力。另外，公司的经营范围由公司的章程规定，并依法经登记确认后对公司以及第三人有公信力和对抗效力。

第二，章程是股东意思自治的产物，是股东共同意志的体现，具有契约性，但同时也部分突破了契约的束缚——契约只约束缔结契约的当事人各方，章程不仅对参加制定章程的股东有约束力，对后加入的股东也当然具有约束力，甚至，对于股份公司来说，买入股票的行为本身即证明了其对公司章程的认可与接受。

因此，一般而言，公司章程作为股东之间的契约，仅对公司内部的人员发生效力，最多涉及新加入公司的成员；但是，另一方面，公司章程作为公司的纲领和宣言书，依据公示原则在特定条件下会对第三人产生相关的效力，如该第三人明知公司章程不可为而与公司的代表人所为的以公司为对象（包括故意损害公司利益）的行为，在法律上就可能会无效。

本案涉及两个问题，其一是公司章程对分公司经理任免的规定是否对公司以外的第三人产生约束力？其二是分公司的债务究竟由谁来承担？

可以看出，该金属总公司章程中对于人事任免的规定并不属于章程法定登记的内容，关于赵某的任命仅仅是金属总公司的内部事务，第三人没有查证的义务，在这个问题上，公司章程并不约束第三人。与此同时，由于赵某持有相关的营业执照以及法人授权证明书，足以使得第三人确信其身份的合法性以及代理权的正当性，在银行无义务进一步查证赵某身份的情形下，成立表见代理，其善意且无过失而进行的法律行为应当受到保护，据此可以认定银行与A分公司之间的借款合同有效。在确定了债务确实归属于A分公司之后，根据《公司法》第十四条的规定，公司设立分公司应当向公司登记机关申请登记，领取营业执照。分公司不具有法人资格，其民事责任由总公司承担。因此，A公司作为金属总公司的分公司，没有独立的名称与章程，也没有自己独立的财产，当其无力偿还债务时，应当由总公司来承担相应的责任。

三、公司章程能否变更《公司法》的明文规定?

某市百货公司、某市纺织厂和某市科技服务中心系某市三个国有企业，为了转换经营机制，三个国有企业决定共同出资设立某有限责任公司，以生产经营为主，其注册资本为500万元人民币。三个国有企业经过清产核资，界定产权，清理债权债务，评估资产，最后确定各自的出资额如下：某市纺织厂以其机器、厂房出资，作价280万元；某市百货公司以商业大厦出资，作价170万元；某市科技服务中心以配置工人的劳务以及其服务中心挂靠某市科学技术委员会的名誉入股出资，作价50万元。三股东共同制定了公司章程，在章程中规定了股东将其产权手续办完并经法定的验资机构验资出具证明之后，按照出资比例分取红利，并可以向有限责任公司新增资本，并约定如果某一单位觉得该有限责任公司效益不好的话，可以抽回其出资或者可以将其出资转让给其他人。

上述案例涉及两个问题，其一是某市科技服务中心以配置工人劳务及其服务中心挂靠在某市科学技术委员会的名誉入股出资是否有效？其二是某有限责任公司章程关于股东可以抽回其出资或者将其出资转让给他人的规定是否有效？

对于有限责任公司而言，公司章程须经全体设立人一致签署才能生效，并且一经签署和登记，对股东和董事、监事、高管人员均具有约束力，因此章程对于有限责任公司而言，相当于这一团体的“小宪法”，股东会和董事会的决议不能与公司章程相抵触，否则可能导致无效。但是，章程作为股东之间契约性的文件，能否变更《公司法》的规定？

要回答这一问题，首先需要区分相关法律法规具体内容的性质。如果章程与《公司法》的强行性规范相悖，则会导致章程的该条款无效，公司登记机关也可以拒绝进行登记；如果章程与《公司法》的任意性规范相悖，则并不一定会导致该条款无效。所谓强制性规范是指必须依照法律适用、不能以个人意志予以变更和排除适用的规范。任意性规范则允许主体变更、选择适用或者排除该规范的适用。《公司法》是强行性规范与任意性规范的结合，这是出于保护交易安全与促进效率的双重目的而进行的立法。例如，《公司法》规定股东不得抽逃出资，以确保公司的资本充实，这就是一个强制性的规范，股东违反了该规定将会承担相应的法律责任；但是，有关股东的利益分配，如有限责任公司的股权如何转让，《公司法》并没有明确规定，而是利用任意性规范的方式将决定权授予股东。

通常情况下，只要公司章程不违反《公司法》的强行性规范，在法律适用上，对于公司而言，其章程具有优先于《公司法》的效力。如章程规定“公司设立子公司或者对外投资超过100万元，必须经过股东会批准”，如果董事会对这些事项擅自做主，股东就有权依照公司章程的规定撤销这些行为。

关于有限责任公司的出资问题，本书前文已经进行过讨论，根据《公司法》第二十七条的规定，股东可以用货币出资，也可以用实物、知识产权、土地使用权等可以用货币估价并可以依法转让的非货币财产作价出资；但是，法律、行政法规规定不得作为出资的财产除外。这表明，非现金出资除了要经过股东一致同意之外，还必须符合法律的强行性规定，否则也是无效的。本案中科技服务中心拟作为出资的配置工人劳务和名誉都不具备财产属性，依照《公司法》的规定，是不能作为出资的。

另外，本案中三个股东在公司章程中约定了某一股东觉得效益不好的话，可以抽回出资或者将其出资转让给他人，这一规定是否合法，主要看其与《公司法》的强行性规定是否一致。根据《公司法》第三十六规定，有限责任公司成立后，股东不得抽回出资。案例中的某有限责任公司章程中关于“如果公司经营不善，股东可以抽回出资”的条款很明显是违反了强行性规范，即使股东一致同意通过，也是无效的。

但是，《公司法》对于有限责任公司股权转让采取的是任意性规范，根据该法第七十二条的规定，股东之间可以互相转让部分或者全部出资，股东向股东以外的人转让其出资时，必须经过全体股东过半数同意，在同等条件下，其他股东具有优先购买权，如果章程对股权转让另有规定的，适用章程的规定。因此，章程中关于“公司经营不善，股东可以将其出资转让给他人”的条款是有效的。

第六章 股东与股东权利

一、股东名册有什么作用？

绿叶有限责任公司的股东老李把他的全部股权都转让给了公司的另外一个股东，事后公司将该变动情况在股东名册上进行了记载，但没有向公司登记机关申请变更登记。正当绿叶公司向各位股东分配红利时，收到了法院的应诉通知书。公司被人家告上法庭了！这是怎么回事呢？原来老李离开公司后，自己欠了别人一屁股债无法偿还，见势不妙，老李拍拍屁股走人了。债主把老李留下的所有能用来还债的东西都申请了法院执行后仍有部分债务得不到清偿。最后，债主在登记机关查到老李在公司还有很多股权，又听说公司最近在分配股利，算了一下发现老李能够得到的股利已经足够还债了，于是一纸诉状把公司告上了法院，要求公司把本应向老李分配的股利向自己支付用来还债。法院判决公司败诉，虽然按照法律规定公司可以向老李追偿这笔欠款，但老李已经不见了踪影，况且即便是找到，老李也无法偿还，相当于公司无辜承担了这笔损失。股东名册是什么？股东名册上的记载事项有什么效力呢？

股东名册是由公司制作的记载股东姓名或者名称及股

东出资数额的一项法律文件，公司设置股东名册的目的，主要是为了便于确定股东的人数，股东的资格以及股东在公司的权益情况，进而便于与股东进行联络，向股东发放股利，对股东转让股份进行监督并接受股东的查询。股东名册是公司档案中与公司章程同等重要的必要法律文件。根据《公司法》第三十三条的规定，公司应当制备股东名册，记载下列内容：（1）股东的姓名或者名称及住所；（2）股东的出资额；（3）出资证明书编号。

股东名册应当是在公司登记成立以后制作的，其上记载的出资证明书编号是公司成立以后公司向股东签发出资证明书才可以确知的事实，公司成立以前股东们可能签署同样有法律效力的投资协议，但投资协议不是股东名册，股东名册是投资完成直到公司成立才确认的文件，早先的投资协议可能发生变化，或者投资完成后自动废止。记载于股东名册的股东，可以依股东名册主张行使股东权利。

股东名册的效力一般来说有以下两点：

对股东而言，股东名册是主张权利的依据。在股东与公司、股东与股东之间的封闭关系中，股东名册具有证明股东地位、确认股东投资数额的效力。股东可以依据股东名册上的记载主张出席股东会行使表决权，依法转让股权，查阅、复制公司章程、股东会会议记录、董事会会议决议、监事会会议决议和财务会计报告，在股东会上向公司的董事、监事以及高级管理人员进行质询，要求公司按照股东名册上记载的出资比例分配股利等。股东转让股权或者增减投资数额的，公司应当对股东名册作出变更记载。股东名册虽然不具有公示性，但可以对抗公司、其他股东对股东的挑战，因此，股东名册上应当具有股东的签字或者盖章，防止保管者为非法目的而伪造、变造股东名册。股东名册记载的股东具有对抗第三人就股东地位提出异议的权利效力。

对于公司而言，股东名册是主张免责的依据。事实上的出资人在未经股东名册记载之前，不得对抗公司，只有登记在册的股东才能够主张对公司的权利。股东依法转让其出资后，由公司将受让人的姓名或者名称、地址及受让的出资数额记载于股东名册。公司仅以股东名册上现存记载的股东为其股东，如果公司依照法律或者公司章程规定对股东名册上记载的股东履行了适当的通知、支付股利、分配剩余财产等应尽之责后，即可免除公司相应的责任。

由于股东名册是公司内部文件，对于公司外部的第三人而言，他没有查询公司股东名册权利，那么他依据什么来判断某人是否公司的股东以及其出资额呢？《公司法》规定，公司应当将股东的姓名或者名称及其出资额向公司登记机关登记。登记采用公示的方式由不存在利害关系的公信机构对公司设立及存在重要关系的内容加以记载、固化、公告，借此可以确认主体资格与权利。正常的情形下，登记公示可以产生宣告的合法性，社会或者利益相关者可以依据登记进行判断，法律也尊重和保护第三人对登记机关的信赖。因此，即使实际上由于公司没有及时进行登记或者变更登记而使得现存登记事项不真实，但第三人仍然依据登记作出某种法律行为，这种行为应当按照原来登记的情况发生效力。《公司法》第三十三条第三款规定，未经登记或者变更登记的，不得对抗第三人。也就是说，即使公司的股东名册对股东的状况进行了记载或者变更记载，但其仅仅在公司内部发生法律效力，不能以此对抗公司和股东以外的第三人。

就案例中的绿叶公司所碰到的情况而言，公司虽然在股东名册上进行了变更记载，但是只能据此对抗老李要求继续分配股利的要求，而受让老李的股份的股东可以据此向公司要求对其进行股利分配。但是，由于公司没有在登记机关进行变更登记，不能对抗老李的债主，老李的债主根据未变更的登记与合同法上的代位权可以请求公司继续分配股利来清偿自己的债务。《公司法》的这一规定，也给公司的经理人提了醒，以后一旦出现了股东状况的变动，不仅要记载在股东名册上，同时也要到公司登记机关进行变更登记。

二、瑕疵出资人能否认定为股东？

A 公司是江城市一家国有企业，2002 年 1 月以其在江城市某处厂区的土地使用权作价 8000 万元与 B、C、D 三家公司共同出资设立 X 电子科技有限责任公司，X 公司注册资本金为 2 亿元，B、C、D 分别使用现金出资 4000 万元并很快到位，后 X 公司按照规定办理了工商登记手续。2004 年 6 月，A 公司拟将其在 X 公司的 40% 股权转让给 E 公司，遭到了其余股东的反对，因此诉至法院。经查明，签订公司章程后，A 公司始终没有办理土地使用权转让手续，并且经过验资机构评估，A公司某厂区的土地使用权市值仅值5000万元。B、C、D三公司认为，出资是成为公司股东的前提条件，A公司嗣后并未出资，不具有X公司股东身份，而且即使其现在办理了土地使用权转让手续，也属于出资不实，无权转让自己的股份。法院会支持B、C、D公司的说法吗？

在法律、公司章程或出资协议对股东出资设定明确规则的情况下，股东用以出资的财产、财产权利本身或其他出资行为不符合或不完全符合上述规则，即构成瑕疵出资。具体而言，瑕疵出资包括未完全出资和未适当出资，前者是指出资数额未达到法律法规或者公司章程的规定，包括拒绝出资、虚假出资等；后者是指股东出资的时间、形式或者手续不适当，包括延迟出资、瑕疵给付等。《公司法》所调整的瑕疵出资在现实生活中一般表现为三种情况：第一，出资评估不实。即公司以实物、非专利技术、工业产权、土地使用权等出资，其评估价格明显高于出资财产的实际价值。第二，抽逃出资，即公司股东在公司成立后将所缴纳的出资撤回，却仍然保留股东身份的行为。第三，虚假出资，即股东在出资过程中未交付或未足额缴付货币、实物、财产所有权的行为。上述案例中就涉及两种类型的瑕疵出资，A公司的土地使用权的价值评估不实，其未转让所有权的行为是虚假出资。

出资是设立公司必不可少的条件，也是股东最基本的义务，在瑕疵出资的情况下，还能够认定出资人具有股东资格吗？

要回答这一问题，首先需要明确瑕疵出资违法后果的严重程度。《公司法》对于公司的设立规定了最低注册资本的门槛，如果股东的瑕疵出资行为导致出资未达到最低注册资本，则公司不能成立，不具备相应的法人人格，故出资人不能取得股东的地位。此时公司对外的债务应当由所有公司的设立者承担无限连带责任。如果虽然存在瑕疵出资行为，但是实际出资达到了最低注册资本限额，公司能够依法设立的，并不直接以瑕疵出资作为否定股东资格的理由。对此，《公司法》第一百九十九条有明确规定：虚报注册资本、提交虚假材料或者采取其他欺诈手段隐瞒重要事实取得公司登记的，由公司登记机关责令改正，对虚报注册资本的公司，处以虚报注册资本金额5%以上，15%以下的罚款，对提交虚假材料或者采取其他欺诈手段隐瞒重要事实的公司，处以5万元以上50万元以下的罚款；情节严重的，撤销公司登记或者吊销营业执照。可见，在瑕疵出资情节未严重到影响公司设立的情形下，法律仅仅只是要求股东作出相应的改正，而不是否定其股东资格。

不过，虽然《公司法》并未将出资与股东资格进行绑定，但是瑕疵出资的股东仍然需要承担相应的责任。首先是对公司其他股东，需要在未足额出资的范围内缴纳出资，并承担违反章程义务的违约责任；其次是对公司债权人，需要在其认缴资本的范围内对债权人承担补充清偿责任。

对于出资不足的瑕疵出资，确认其股东资格，无论是从工商登记还是从股东名册的角度而言都无疑义，仅仅只是股权比例的确定问题。但是对于完全未出资的瑕疵出资，实践中存在一些争议。不过，从《公司法》的立法精神来看，出资并未与股东资格挂钩，则未出资与未足额出资在本质上并没有区别。由于公司登记具有公示性，对于第三人而言，其可以信赖公司登记机关处的股东名单，即使该股东并未出资；但是对于公司内部的股东而言，未出资将导致股东权行使受到限制。股东权利中的利润分配权、剩余财产分配请求权和表决权等依附于出资比例计算份额的权利，应当按照实际出资比例行使，未出资则不得享有；而知情权、股东会出席权、提案权以及股东会决议无效确认和撤销诉讼权等不以出资比例进行计算的权利，未出资的股东仍然可以享有。

本案中A公司自始至终都没有办理土地使用权转让手续，属于未出资的瑕疵出资类型，虽然具有股东资格，但是无法行使股东权利中的财产性权利，不得向X公司请求分配利润，也不得将股权进行转让。B、C、D三家公司以及X公司均可以要求A公司办理土地使用权转让手续，并补足评估价值的差额3000万元。如果A公司办理了土地使用权转让手续，仅仅只是出资不足，则其仍然可以转让股权，不过只能转让实际出资比例的股权，或者补足差额后转让40%的股权。

三、实际出资人的股东资格如何确认？

2008年9月，陈某与周某签订一份协议。协议约定，陈某拟出资100万元与韩某在济南市某区成立某有限责任公司。陈某因不在济南居住遂委托周某以周某的名义在该公司中出资，并代为行使在该公司中的股东权利，但涉及股东权的实质内容如股利分配、股权转让、增资扩股等重大问题，周某应当取得陈某的同意。对此，韩某知情。协议签订后，陈某按约定以周某的名义出资100万元，韩某出资60万元，成立了某有限责任公司。出资各方在工商部门办理了登记，登记显示周某和韩某系该公司的股东。公司成立后，经营效益良好，2009年10月，周某与韩某召开股东会决议，进行分配股利，周某分得5万余元，韩某分得3万余元。而陈某在公司分配股利时毫不知晓。2010年1月，陈某知道公司分配股利后，向周某发出解除双方委托协议的函件，并要求周某将股利5万余元返还，而周某却认为其系该公司的股东，股东的资格已经为公司章程和股东名册所记载，且在工商部门予以登记，而陈某的股东资格在文件和登记中都没有记载，二人只是借贷关系。协商无果后陈某向法院起诉。问：陈某的主张可否得到人民法院的支持？

实际出资人的概念是与隐名股东和挂名股东（或称显名股东）联系在一起的。挂名股东是名义上的股东反映在公司登记和股东名册中，从外表上看是公司的出资人，实际上并未履行出资义务，出资义务由实际出资人即隐名股东履行，挂名股东一般不参与公司经营管理，如果参与，也必须把分到的股息或者红利转交给实际出资人。

实践中关于隐名投资产生了一些法律纠纷，根据牵涉到的相关主体，可以分为公司内部关系纠纷和公司外部关系纠纷，前者如隐名股东的股东权纠纷、关于利润分配的纠纷等，后者如隐名股东或者挂名股东向第三者转让股权引起的纠纷等。关于公司隐名股东，我国《公司法》没有明确规定，其资格认定在现实中也存在一些争议。我们认为，股东投资属于私法行为，只要不违反法律的强行性规定，就不应当随意否定其效力。一般情况下，在处理内部关系时，隐名股东可以依照相关协议显名，这是因为隐名股东与挂名股东之间的关系就是普通的契约关系，根据意思自治原则，只要双方的约定是真实意思的表示，没有侵害第三人的利益，而且不违反法律法规强制性规定，双方之间的协议即为有效，就应当按照约定确定的双方权利义务关系，此时，隐名股东的资格应当得到确认。如果在处理公司的交易行为等公司外部行为而引发的有债权人或者第三人介入的股东资格争议，则应当以保护善意信赖公司登记的第三人为原则，不予确认实际出资人的股东地位。

就本案而言，陈某与周某在公司成立前双方达成了协议，由陈某出资以周某的名义与韩某成立公司，并由周某代陈某行使股东的权利，且对股东权利的实质内容作了约定。协议体现了双方的真实意思表示，不违反法律的强制性规定，该协议已成立，依据《合同法》的有关规定，对陈某及周某双方均有法律约束力。因此，应当按照约定确定双方的权利义务关系，即双方并非为借贷关系，陈某为该公司的真实股东，周某应当将股利返还给陈某。

需要指出的是，隐名股东多数是为了规避《公司法》等有关法律、法规的禁止性规定，如国家机关工作人员不能投资设立公司、有限责任公司的股东不得超过50人等，这种行为容易导致公司的信用危机，因此隐名股东现象不应该得到确认和鼓励。

四、股东资格可以继承吗?

股权是股东基于对公司的出资而享有的依照《公司法》和公司章程规定的以财产为核心的权利。基于这种权利，股东可以从公司中分得利润，参与管理。按照股权的内容，学理上一般将其划分为自益权和共益权，自益权主要是与财产相关联的权利，包括利润分配请求权、剩余财产分配请求权、股份收购请求权、股权转让请求权等。共益权则主要是与股东资格或者身份相关联的权利，如表决权、请求召集股东会的权利、股东会决议异议权、请求查阅账簿的权利、股东代表诉讼权等。依据《继承法》的规定，自然人股东死亡后，其遗留的个人合法财产依法由他人继承。股东对于公司的出资是个人合法财产，自然可以依据《继承法》的规定，进行继承。但是，股权并非仅仅只是单纯的财产权，还包括以股东资格为中心的人格权，《公司法》修订以前，不同法院的判例所持观点也不一样，有的法院判决继承人只能继承股权中的财产权利，但不能继承股东资格；有的法院则判决继承人既可以继承财产权，又可以顺理成章地继承公司股东的身份。

修订后的《公司法》第七十六条设立关于股权继承的规定：自然人股东死亡后，其合法继承人可以继承其股东资格；但是，公司章程另有规定的除外。虽然对于法人股东公司法并没有明确规定，但按照第七十六条的原则精神看，法人股东解散、破产的，其在公司中的股权财产的合法取得人当然可以继承股东资格，但公司章程另有规定的，依其规定办理。自然人股东丧失行为能力，其合法监护人代行股东权利的依照民事法律关于代理的制度安排。

《公司法》在一定程度上承认了股权的可直接继承性，表明了股权是依赖出资取得的本质特征。但是，第七十六条同时也赋予公司股东对于股权继承问题另作约定的权利。这是因为股权中包含的人格权因素不能简单地用财产权继承的方式类同处理。与获取利润为中心的自益权相比，这种基于人格因素的共益权更多地体现为股东参与公司经营管理的权利，尤其是对于绝大多数有限责任公司而言，公司本身就是基于股东之间的信赖与协作关系而成立的，如果法律强制性地规定继承人可以概括继承股权的所有内容，那么大量新股东的涌入，往往会造成公司效率低下、管理成本增大，甚至还有可能使得有限责任公司股东的数目超过法定最高限额。因此，《公司法》规定股东可以通过公司章程的方式对股权继承另作约定，包括继承份额、继承程序等。当然，在章程没有特殊约定的情况下，股权继承将依照法定继承处理，死亡股东的合法继承人可以继承股东资格，成为公司股东，其他股东不得干涉。

五、有限责任公司的股权可以自由转让吗？

在市场经济体制下，任何私权如果没有被法律特别禁止的情况都可以流通转让，股权当然也不例外。有限责任公司股权的转让一样体现出资本流动的社会属性，尽管它换手的速度大大缓慢于股份有限公司股份的流通速度。这是因为在有限责任公司中，由于股东之间同时具有人合与资合的关系，股东回收投资或者退出公司的行为要受到两种法律关系的约束：一方面，人合性和封闭性使其股东不能像股份有限公司的股东那样可以自由转让股份；另一方面，资合性使其受到传统公司法理论上资本维持原则的约束，股东不像纯粹的人合性公司那样允许自由退股。然而，作为一种投资手段，股东创建公司的目的主要是盈利，无论是取得红利还是转让股权，他们的最终目的是回收投资，法律应该赋予投资者以回收投资或者说退出公司的机会或权利。有限责任公司股权转让制度实际上就是法律在保证股东回收投资与维持公司人合兼资合属性之间的平衡。

六、有限责任公司的股权转让方式有哪些？

有限责任公司的股权转让分为内部转让和外部转让，内部转让是指股权在股东之间转让，外部转让是指股东将其所持有的股份向公司股东以外的人转让。内部转让并不会改变股东之间的信任关系，仅仅只是造成股权比例分布的变化，因此法律调整的基调是允许；外部转让则意味着新成员的加入，势必引起原有股东基于相互信赖而形成的稳定的人际关系和行为预期的变化，因此，法律调整的基调是“限制”。

（一）股权内部转让

我国《公司法》第七十二条第一款规定的“有限责任公司的股东之间可以相互转让其全部或者部分股权”是关于股东内部转让股权制度的核心条款，它贯彻了股东自由处分出资权利的原则，照顾了有限责任公司股东对公司原有股东信任关系的心理依归，因为自由转让仍然是局限在现有的股东之间，没有根本改变股东群体的封闭结构。《公司法》第七十二条第四款规定：“公司章程对股权转让另有规定的，从其规定。”这体现了法律对公司和股东意思自治精神的尊重。这两款规定构建了我国《公司法》关于股东向其他股东转让股权的基本制度。

（二）股权外部转让

我国《公司法》第七十二条第二款、第三款、第四款的内容是关于有限责任公司股权外部转让制度的核心条款。主要规定为：“股东向股东以外的人转让股权，必须经其他股东过半数同意。股东应就其股权转让事项书面通知其他股东征求同意，其他股东自接到书面通知之日起满三十日未答复的，视为同意转让。其他股东半数以上不同意转让的，不同意的股东应当购买该转让的股权；不购买的，视为同意转让。经股东同意转让的股权，在同等条件下，其他股东有优先购买权。两个以上股东主张行使优先购买权的，协商确定各自的购买比例；协商不成的，按转让时各自的出资比例行使优先购买权。公司章程对股权转让另有规定的，从其规定。”

七、什么是股份优先认购权？

股份优先认购权是指公司增资时，现有股东可以按原先持有的股份数量的一定比例优先于他人进行认购的权利。《公司法》第三十五条规定：“公司新增资本时，股东有权优先按照实缴的出资比例认缴出资。但是，全体股东约定不按出资比例分取红利或者不按照出资比例优先认缴出资的除外。”不过，这一条文出现在有限责任公司的设立和组织机构一章中，对于股份有限公司并不适用。《公司法》第一百三十四条规定：公司发行新股，股东大会应当对下列事项作出决议：（1）新股种类及数额；（2）新股发行价格；（3）新股发行的起止日期；（4）向原有股东发行新股的种类及数额。

有学者认为第四项是对股份有限公司股东的新股认购权的肯定，但事实上它只是要求股东大会在公司发行新股时考虑到该问题，并未强制规定股东大会必须向原有股东发行新股，如果股东大会在决议中明确决定不向原有股东发行新股或者只向原有股东发行部分新股，也并不能就此说明其违反了《公司法》的规定。因而，股份公司股东的新股优先认购权应当说仅仅是被现行法律所间接保护的权利。

法律之所以规定公司的原股东对公司新发行的股份享有优先认购权，是为了通过新股的认购防止公司股东对公司享有的利益被稀释，并防止公司内部既有的支配格局发生重大变化。有限责任公司是封闭式公司，股东之间存在相互信任关系，每一公司的某种性格取决于股东的个性、脾气、合作背景及教育水平，股东的合作气氛仰赖股权的封闭结构的安排，而合作气氛往往是公司成功的一个条件。股东在公司中的持股数量通过协商确立，以实缴资本的比例确定公司增资的认购比例能够最大限度地符合公司股权的封闭性结构和原先控制权配置的状况，因此法律选择这种方式为基本形态。然而，不同的公司有不同的融资需求，原股东的新股优先认购权并不是绝对的，法律确立新股认购优先权也是在比较公司内部组织结构平衡和公司资本顺利扩张两种价值之后作出的判断，也就是说，在某些特定情况下，原有股东新股优先认购权是可以被合理排除的。海外公司法一般规定新股优先认购权可以被公司章程排除，另外在股份市价发行时也不适用有关新股优先认购权的规定，就是出于这种考虑。由此可见，承认新股认购优先权是公司立法的一项基本原则，因公司利益而排除股东新股优先认购权则是一种例外。

八、股权可以被法院强制执行吗?

股份有限公司的股权流动性强，可以自由转让，因此不存在是否可以成为法院强制执行客体的争议，法院可以直接在法律允许的场所对该股份予以拍卖、变卖或其他方式转让，以获得的资金偿付股份有限公司股东对第三人所负债务即可。

有限责任公司股权能否成为法院强制执行的客体，存在一定的争议。有人以有限责任公司的人合性来否定股权的可强制执行性。他们认为，在这种封闭的公司治理结构中，如果法院将股权强制执行，实际上就是滥用公权力打破了这种封闭结构，逼迫股东接受一个在信用与能力上都不了解的新股东，同时也违反了股权转让应当由股东大会决议的程序，对公司治理与发展都有不利的影响。这种观点确实存在一定的道理，但是，其所担心的问题并非无法得到解决。其一，通过股东优先购买权等一系列程序与制度的设计，法律完全可以在维护有限公司人合性的基础上实现债权人利益的保障；其二，法院强制执行应当严格按照法律程序进行，并不会过分干预公司的经营管理。

虽然股权同时包含了获取利益的自益权和参与公司经营管理的共益权两个层次的内容，但是究其根本，股权主要还是一种财产权。因为无论是质询权还是表决权，所有共益权的行使也都是以获取一定的财产收益为终极目标。既然如此，当公司股东无力清偿对于第三人的到期债务又没有其他财产可供清偿之时，法院当然可以根据当事人的执行申请，根据生效的法律文书强制执行程序转让该股东在公司的债权以变现清偿或者折抵债务，这是国家公权力为保护债权人合法权益而对私法自治予以的合理干预。

《最高人民法院关于人民法院执行工作若干问题的规定(试行)》第五十三条的规定，对被执行人在有限责任公司、其他法人企业中的投资权益或股权，人民法院可以采取冻结措施。冻结投资权益或股权的，应当通知有关企业不得办理被冻结投资权益或股权的转移手续，不得向被执行人支付股息或红利。被冻结的投资权益或股权，被执行人不得自行转让。这一规定在法律上肯定了有限责任公司股权可以作为强制执行的客体。但是，由于有限责任公司股权的特殊性，对其强制执行法律设计了一系列制度来保护股东与公司之间的封闭结构。

《公司法》第七十三条规定，人民法院依照法律规定的强制执行程序转让股东的股权时，应当通知公司及全体股东，其他股东在同等条件下有优先购买权。其他股东自人民法院通知之日起满20日不行使优先购买权的，视为放弃优先购买权。股东因为债务清偿、履行法定义务、析产、赠与等民事行为需将其所持有限责任公司股权的一部或全部不得已而归于股东以外的他人时，应当按照《公司法》或者公司章程规定的程序办理。

从《公司法》规定的精神可以看出，即使法院按强制执行程序处理股东股权，也应当首先通知到公司和其他股东。通知公司是因为公司对股东可能发生的变化需要作必要的应对，公司还负有管理股东股权事宜的适当义务，如保管股东名册、转让生效后得履行变更股东名册、换发出资证明书、申请变更登记事项等，但是，公司无权对股东股权的转让予以否决；通知股东是给予股东特定的时间以决定是否行使优先购买权。法律并不要求此时由其他股东就是否同意转让表达意见，而是径行告知他们主张同等条件下的优先购买权。在这种情况下，公司的封闭持股结构被看成是相对的状态，其他股东维持它的代价是需要购买强制执行手段推进的转让股权。此外，为了提高执行效率，防止某些股东恶意拖延股权转让，法律还规定了20日内行使优先购买权的期限，逾期则视为放弃。

九、股份公司股权转让一定是自由的吗？股东转让其股份应遵守哪些原则性规定？

股份公司的股份原则上可以自由转让，是股份公司区别于有限公司及其他类型企业的一大特征，但由于股份有限公司涉及的利害关系人众多，《公司法》对其股份的转让又作了一定的规范。同时，由于股份有限公司的股份转让以股票交割为手段，而股票是分散持有的有价证券，因此，股份的转让还得遵守国家的证券法律法规。

依据《公司法》的有关规定，股份公司的股东转让其股份，得遵守下列原则性规定：

第一，股东转让股份，应当依照法律的规定在依法设立的证券交易场所进行或者按照国务院规定的其他方式进行。依法设立的证券交易场所指的是上海证券交易所和深圳证券交易所，但是这两个证券交易所只进行上市公司股票的交易，对于非上市股份有限公司的股票交易，修订后的《公司法》指出可以通过“国务院规定的其他方式”进行。依据现行的一些政策规定，我国允许产权交易市场开展“非上市股份有限公司股权登记托管业务”，为非上市股份有限公司提供股权托管、股权质押、增资扩股、转让过户、分红派息等服务。也就是说，当前在经依法批准、有权开展“非上市股份有限公司股权登记托管业务”的产权交易市场进行非上市股份有限公司股权交易，可以被视为合法；而在其他场所进行的非上市股份有限公司股权交易均是违法的。

第二，记名股票，由股东以背书方式或者法律、行政法规规定的其他方式转让。目前，除了背书方式外，股东转让记名股票还可委托证券经营机构代为办理。在我国，记名股票的持有者主要分为两种，一是不能在证券市场上流通的国有股和国有法人股和非国有的法人股的股东。他们可能是发起人股东，也可能是经受让股份而成为股东。二是在公司发行流通股时认购公司的股份或在证券市场申购公司股份的法人股东。我国《公司法》第一百三十条规定，公司向发起人、法人发行的股票，应当为记名股票。社会公众所持的股份既可以是记名股，也可以是无记名股，一般为无记名股。通常看，记名股东持有公司股份的数量较大。记名股东所持的股票上须记载股东的名称或者姓名，并且公司应当置备股东名册记载必要事项。公司发行记名股份的作用在于：第一，通过记名的方式稳定公司的核心成员，给公司的无记名股东树立对公司的信心，增强公司资本构成的透明度和公司的公信力；第二，便于保护记名股东的持股利益。记名股票的转让，由公司将受让人的姓名或者名称及住所记载于股东名册，股东大会召开前20日内或者公司决定分配股利的基准日前5日内，不得进行股东名册的变更登记。但是，法律对上市公司股东名册变更登记另有规定的，从其规定。无记名股票的转让，由股东在依法设立的证券交易场所将该股票交付给受让人后即发生转让的效力。从实务角度讲，股票的转让往往由股东委托有执业资格的证券交易代理机构代为办理，通过计算机网络控制系统卖出或买进，而该网络控制系统是由证券交易所控制运行的，即所谓股票的电子买卖。如此，也使我国上市公司的股票摆脱了纸面形式。一些不上市公司的股票则是在国家认可的证券交易场所（如柜台交易地）自然进行的。

第三，股份公司发起人持有的本公司股份，自公司成立日起1年内不允许转让。公司公开发行股份前已发行的股份，自公司股票在证券交易所上市交易之日起1年内不得转让。在股份有限公司设立中，发起人不仅承担了公司组建的工作，而且应当负有对设立公司的忠诚义务和勤勉义务，因为是发起人集体通过招股活动吸引了其他的认股人认购股份，认股人对发起人集体或者个别的信任和正常的期望是一种合法利益。发起人在公司设立中不可以夹带个人的企图，不可以在公司起步的阶段通过出让股份谋求不适当的利益，更不能通过出让股份规避风险。基于我国上市公司壳资源由政府控制的政策效应，股份有限公司的股票一旦上市就会产生股票价格的上浮，这促使证券投机者千方百计获取所谓原始股，通过上市后的蜜月期发不义之财。因此，法律限制发起人的持股和公司在公开发行股份以前发行的股份，在公司股票上市交易后的1年内不得转让。1年后，公司的股票进入与公司绩效联系的理性轨道，上述股票的转让解禁。

此外，公司董事、监事、高级管理人员应当向公司申报所持有的本公司的股份及其变动情况，在任职期间每年转让的股份不得超过其所持有本公司股份总数的25%；所持本公司股份自公司股票上市交易之日起1年内不得转让。上述人员离职后半年内，不得转让其所持有的本公司股份。公司章程可以对公司董事、监事、高级管理人员转让其所持有的本公司股份作出其他限制性规定。《公司法》作这种限制性规定主要是为了防止损害公司利益的内幕交易。

由此可见，出于保护交易安全的目的，《公司法》和《证券法》对于股份有限公司股份的转让作了一些限制性规定，股份有限公司股权转让的“自由”并不是绝对的自由，而是在法律规范下的自由。

十、什么情况下可以申请公司回购自己的股份?

小王是顺达电器有限责任公司的一名小股东，持股比例只有2%。最近公司的情况让他十分闹心，原来前一段时间公司的另一名股东小刘把自己的股权转让给了持股比例已经达到40%的股东老张，使得老张拥有了公司55%的股权，成为了不折不扣的控股股东。老张为人比较独断专横，成为控股股东以后，基本上公司什么事情都是他说了算。受到金融危机影响，公司的日子很不好过，小王和其他股东的想法都是先想办法周转，然后再作打算，但是老张却执意想要将公司的几条生产线出售，借机转变公司的经营方向。股东会议按照资本多数决的原则，最后还是通过了出售公司重要生产线的决议。小王觉得公司的前途堪忧，想要退出公司，但这种情况下，其他股东都不愿意受让他手中的股份，一时也无法找到外部受让人。难道小王的投资就要这样被“锁死”在公司吗？法律有没有提供什么途径使得小股东在权益受到大股东侵害之时，能够顺利地退出公司？

如果公司章程没有作出另外的安排，按《公司法》第四十三条的规定，股东会行使表决权的基本制度是依各股东出资比例分配。因此，公司中大股东与小股东之间的权利差异就不可避免。在这种公司控制模式运行的框架中，按照出资比例行使表决权，中小股东的利益期望常常会受到伤害，如大股东自任董事且领取公司支付的高额报酬，而股东会连年决定不向股东分配利润，或者出让公司主要财产为自己谋利，等等。我国 1993 年《公司法》立法时经验欠缺，股东权益保护制度设计不周全，股东诉权安排粗疏，股东不能请求解散公司，也不能申请公司回购股权，造成有限责任公司中大股东滥权的情况十分严重的局面，实践中常常归结其为大股东暴政。上述老张独断专横，就是典型的大股东暴政的例子。

《公司法》在长期的发展过程中，逐步完善了对中小股东利益保护的机制，赋予中小股东提起不公平妨碍诉权和派生诉权，规定对控制股东的行为制约制度，赋予股东请求司法机关解散公司等，而建立公司股权回购制度就是对这种利益平衡安排达到的结果之一。2005 年《公司法》修订时，公司股权回购制度被正式确立。

公司股权回购是指公司股东在公司的决定、行为严重损害或者可能严重损害其利益的情况下，请求公司购回其持有的股权的行为。我国《公司法》第七十五条规定：“有下列情形之一的，对股东会该项决议投反对票的股东可以请求公司按照合理的价格收购其股权：（一）公司连续五年不向股东分配利润，而公司该五年连续盈利，并且符合本法规定的分配利润条件的；（二）公司合并、分立、转让主要财产的；（三）公司章程规定的营业期限届满或者章程规定的其他解散事由出现，股东会会议通过决议修改章程使公司存续的。自股东会会议决议通过之日起六十日内，股东与公司不能达成股权收购协议的，股东可以自股东会会议决议通过之日起九十日内向人民法院提起诉讼。"

按照这一规定，案例中的小王可以在出让公司生产线的股东会决议作出之日起60日内向公司申请回购自己的股权，如果无法达成股权收购协议，小王还可以再向法院提起诉讼，但是诉讼时效期限比较短，自股东会作出决议之日起90日。

不过，由于我国《公司法》奉行资本不变原则和资本维持原则，如果股东之间发生利益冲突，其处理方式不得以损害公司债权人利益为代价，因此股东请求公司回购股权的行为必须有法定的原因，并且也自然意味着须同时启动公司减资程序。因为回购的实质是股东撤回投资，必然牵涉债权人基于公司资本的完整性而期望的利益安全。对此，《公司法》第一百四十三条规定：公司不得收购本公司股份，有下列情形的除外：（1）减少公司注册资本；（2）与持有本公司股份的其他公司合并；（3）将股份奖励给本公司职工；（4）股东因对股东大会作出的公司合并、分立决议持异议，要求公司收购其股份的。

十一、累积投票制对中小股东有什么特殊意义?

吉利公司有四个股东，股东甲持股55%，股东乙持股20%，股东丙持股15%，股东丁持股10%，各股东分别持有550万、200万、150万、100万股份，该公司拟选举的董事人数为5名。在直接投票制的简单多数原则下，甲、乙、丙、丁各股东分别拥有的表决权为550万、200万、150万和100万，由于股东甲持股超过50%，他一个人完全可以决定董（监）事会的人选。而在累积投票制下，情况发生了变化，各股东拥有的表决权以其股份数额乘以拟选举的董事人数，就变成了2750万、1000万、750万、500万，各股东既可以将其表决权集中投票给一人，也可以分散投给多人。现在公司董事会成员有7个候选人A、B、C、D、E、F、G，甲分别投票给A、B、C、D、E的表决权为1000万、500万、500万、400万、350万；乙分别投票给B、C、E、F为500万、200万、200万、1000万；丙分别投票给F、G为100万、650万；丁投票给F、G为300万、200万。则根据得票数目最终选举出来的公司董事为A、B、G、C、E，股东甲独自掌控公司的局面就不会实现。如果股东乙、丙、丁联合，能够保证代表他们权益的董事有两位，董事会的机构就发生了很大的变化。

2005年修订后的《公司法》第一百零六条规定：“股东大会选举董事、监事，可以依照公司章程的规定或者股东大会的决议，实行累积投票制。本法所称累积投票制，是指股东大会在选举董事或者监事时，每一股份拥有与应选董事或者监事人数相同的表决权，股东拥有的表决权可以集中使用。”这是我国《公司法》首次引入累积投票制度，目的在于实现公司治理中的大股东和小股东之间的权利制衡，从而保护小股东的利益。

普通投票制和累计投票制均以“同股同权”、“一股一权”的法理为基础。但是，在表决票数的计算和具体投向上存在较大差异。普通投票制是指在股东大会上行使表决权时，针对一项决议，股东只能将其持有股份决定的表决票数一次性直接投在这项决议上，决议的结果取决于支持和反对的票数的简单比较。累计投票制则允许股东可以将其在选举每位董事（监事）上的表决票数累加，即股东在选举董事、监事时的总票数为其持有的股份代表的表决票数乘以需选举的董事或监事的人数，股东可以选择将总票数集中投在一个董事候选人名下，也可以选择分散投入数人名下。如此便提高了中小股东投票的力度和影响效果。

普通的投票制度代表了《公司法》在公司决策的过程和结果上奉行的传统的多数决原则，贯彻了由大股东控制公司的权利义务对等的理念。凡公司的重要事务，在股东大会讨论并就具体方案进行表决时，除非表决之事项涉及与大股东及其子公司的关联交易，规定大股东回避投票，或因法律或公司章程已对大股东的投票权有所限制的场合，股东大会决议的结果应当与大股东的意见形成一致。但是，股东大会并非是常设机构，股东大会闭会期间，公司完全由董事会控制。大股东选举董事的权力如果不能稍加限制，公司的全部董事就有可能为大股东一家己出。限制的方式既可以直接限制大股东的投票权，如各国公司法一般都规定在涉及大股东与公司有关联交易的情况时，关联股东应当回避股东会的有关表决活动。

我国证券监督管理委员会于2002年发布的《上市公司治理准则》规定了股东大会在董事选举中应积极推行累积投票制度，其中有“控股股东控股比例在30%以上的上市公司应当采用累积投票制”等表述。我国2005年修订的《公司法》第一百零六条规定了累积投票制，不过《公司法》的规定比《上市公司治理准则》的规定更为妥当，它将累积投票制度授权公司章程或者股东大会决议进行选择，并不是一刀切的武断要求。

十二、股东享有哪些知情权？如何行使知情权？

知情权是基于投资而产生的权利。股东向公司完成了投资，公司作为独立存在的人格主体占有股东的投资财产，单个的股东不一定人人有机会成为公司的管理者而经常获知公司经营的信息，但作为公司剩余财产的索取者，股东有强烈的愿望知道公司的运营状况，并根据所了解的资讯作出自己的判断和决定。对于上市公司，法律强制规定了信息披露制度，公司财务状况被要求用特定的方式公开。但有限责任公司不同，它是封闭性的社会团体，公司的许多资讯特别是财务资讯法律不要求公开披露，股东获得公司资讯的途径只有股东会会议期间董事会、监事会、董事、监事及高管人员的报告，或者股东不定期向公司控制股东、管理层的主动询问，以及公司管理层在股东会闭会期间向股东通过各种方式反馈的信息。

《公司法》第三十四条规定，股东有权查阅、复制公司章程、股东会会议记录、董事会会议决议、监事会会议决议和财务会计报告，这是针对有限责任公司股东的规定。《公司法》第九十八条规定，在股份有限公司内，股东有权查阅公司章程、股东名册、公司债券存根、股东大会会议记录、董事会会议决议、监事会会议决议、财务会计报告。

十三、股东有权对董事提出质询吗?

股东能否就公司的经营管理事项对公司董事、监事、高级管理人员进行质询？原则上，作为公司的所有者，股东有权了解公司运营的基本状况，这是股东知情权的内容，但是股东不得任意干涉公司的运营。公司所有权与经营权的分离是基于效率的需要，它成功地将有资金但无精力或者有企业家才能的投资者与有精力和才能但无资金的管理人员结合起来，在这一公司治理框架下，股东与董事、监事、高级管理人员之间是委托代理关系。股东作为委托人将公司委托给董事、监事、高级管理人员经营，并支付给他们相应的报酬；董事、监事、高级管理人员等公司经营者作为代理人，应当为股东的利益工作，其有义务按照法律法规的规定，忠实履行自己的职责。不过投资者与经营者之间的委托代理关系存在一个实践上的困难：即如何保证经营者在公司运营过程中服从股东的利益而不牟取私利，这就涉及股东对董事、经理、高级管理人员的监督问题。

股东就公司的经营管理事项对公司董事、监事、高级管理人员进行质询，是公司投资者对经营者监督与约束的一种表现。由于在实践中，许多董事、监事、高级管理不愿意或者故意不向股东汇报自己的经营工作，2005 年修订的《公司法》以法律的形式确定了股东与经营者的关系，以确保股东的合法权益不受侵犯。

《公司法》第九十八条规定：股东有权查阅公司章程、股东名册、公司债券存根、股东大会会议记录、董事会会议决议、监事会会议决议、财务会计报告，对公司的经营提出经营或者质询。第一百五十一条规定：股东会或者股东大会要求董事、监事、高级管理人员列席会议的，董事、监事、高级管理人员应当列席并接受股东的质询。董事、高级管理人员应当如实向监事会或不设监事会的有限责任公司的监事会提供有关情况和资料，不得妨碍监事会或者监事行使职权。

十四、股东能代表公司进行诉讼吗?

李丽是大地文化有限责任公司的一名股东，大地文化公司的经营范围包括组织围棋活动、围棋培训、组织文化交流活动等，经过选举，公司的另一名股东刘刚担任大地文化公司的董事长。刘刚在担任大地文化公司董事长的同时，又与大地文化公司的另外 2 名股东另行成立了大地诚信公司，并担任该公司董事长，大地诚信公司的经营范围与大地文化公司完全一致。得知此事后，李丽非常不满，认为刘刚及大地文化公司的另外 2 名股东的行为违反了《公司法》关于竞业禁止的规定，侵害了大地文化公司及自己的权益。由于李丽所持股份不多，其在股东会所占表决权并不能起到约束作用，在多次劝说未果之后，李丽起诉至法院，要求刘刚和另外2名股东终止竞业禁止行为，并将经营收入归入大地文化公司。李丽究竟是以什么身份参与该诉讼的？法院会支持她的请求吗？

公司作为诉讼当事人时应当由其法定代表人代表公司参与诉讼，股东作为公司的所有者，一般是不能代表公司进行诉讼的。但是，在例外情况下，为了公司利益，股东也可以代表公司进行诉讼，这就是通常所称的“股东派生诉讼”。

派生诉讼，也称为代表诉讼，是指当公司的董事、监事、高管人员或者他人的行为损害了公司的利益，而公司怠于通过诉讼方式追究其责任以恢复公司的利益时，由公司的股东基于与公司利益相关，直接代表公司对侵权方或者违约方发动的诉讼。派生诉讼制度的功能主要在于防止董事对公司有侵权行为或者决策、管理过失，给公司造成利益损失，而其他董事可能碍于情面或者其他理由放弃诉讼使公司不得不蒙受损失的情况发生。

股东作为公司的所有者，公司利益受损会间接影响到股东利益，派生诉讼就是基于这一原理赋予股东相应的救济权利。股东派生诉讼与直接诉讼最主要的区别在于侵权人实施的侵权行为的后果是否直接及于股东本身，以及诉讼的后果是归属诉讼提起人还是其持有股份的公司。如果侵权行为的对象是股东的，有时甚至是特定的股东，则由股东提起不公平妨碍诉讼或请求法院责令大股东购买其股份或申请法院颁布“公正合理清盘令”以解散公司；如果侵权行为是直接加害于公司，股东所受的损失是因为公司利益受损而引起的间接传输后的损失，则小股东可提起派生诉讼。

本案中，李丽与刘刚及其他2名股东并不存在直接的侵权关系，李丽的利益损失是经由大地文化公司利益受损传导而来，因此，李丽并不能直接对刘刚及其他2名股东提起侵权之诉，在这种情况下，派生诉讼的发动就非常有必要了。

我国2005年修订的《公司法》中直接确立了股东派生诉讼制度。依据《公司法》第一百五十二条的规定，有限责任公司的股东、股份有限公司连续180日以上单独或者合计持有公司1%以上股份的股东，在履行内部救济程序后可以对侵犯公司利益的董事、监事、高管人员以及包括控制股东、实际控制人在内的他人提起派生诉讼。

十五、公司僵局的表现形式主要有哪些？公司陷入僵局如何打破？

公司以追求利润为目标，但当经营出现严重困难，其存续只能损害股东利益时，就需要认真考虑公司的前途问题了。如果不能打破僵局，将会严重损害股东利益。

公司的重要决策都需要由股东会和董事会决议作出，而股东会和董事会作出决议的方式也必须经过表决，而不可能由某个股东单独决定，除非其拥有绝对的控制权。在有限责任公司中，由于股东人数较少，公司僵局的情形更为常见，公司的发起人，特别是有限责任公司的发起人之间除了投资伙伴关系外，通常还存在亲戚、朋友等多重关系，在设立公司时各方关系都比较融洽。但随着公司运作进入良性轨道，因为对权力、利润的追求或者对公司发展的观点相矛盾而产生种种争议时，各方友好的合作关系可能会瓦解，导致无法就公司运营的重要事项达成一致意见，这就是公司僵局。公司僵局分为股东会僵局和董事会僵局，只要是关于公司运行的重要事项的表决无法顺利进行，都会造成公司经营困难。

公司僵局的表现主要有以下三种：

一是公司的两派股东分别持有50%的股份，当双方发生争执无法就一个事项达成一致意见时，就陷入了表决僵局；

二是由于股东之间的对立使得董事会由偶数的董事组成；

三是在一些有限公司中，小股东为了防止大股东掌握控股权而肆意妄为，在公司章程中约定就某些事项小股东拥有否决权，若小股东与大股东不和而行使否决权，也可导致公司陷入僵局。

为了防止公司僵局的产生，有些公司在制定章程的时候，会特别针对将来可能出现的问题而预先设置解决方案，如指定第三人进行协调、调解或者仲裁。这种安排能够在一定程度上打破僵局，但是我国大多数公司在设立时，因为种种原因通常并不设定这类条款，这使得在出现公司僵局后，只能求助于其他解决途径。

2005年修订以前的《公司法》对公司僵局没有任何规定，不利于保护股东利益，修订后的《公司法》补充了这方面的规定，指出当“公司僵局”出现时，股东可以向法院申请司法解散。其要求为：公司继续存续会使股东利益遭受更大损失，通过别的法律救济方式又不能弥合股东冲突或者无法获取解决路径的，准许持有10%以上股份的股东向法院提出请求解散公司。首先，申请司法解散一定是在穷尽了其他救济途径之后迫不得已的选择；其次，这里10%持股比例的要求是因为提起司法解散之诉对公司和其他股东的利益将会造成重大影响，为了防止小股东滥用诉权，法律设定了一个门槛，无论是单独持股或者是合计持股比例10%都可以提起司法解散之诉。

司法解散本身是打破公司僵局的重要途径之一，同时，部分股东在提起司法解散之诉后，也可能促使不愿意解散公司的股东一方与对峙的另一方达成和解，从而解决公司僵局问题，使得公司能够存续和运营。相对于保持公司的存续，司法解散是一个无奈之举，无论是对于经济社会的稳定，还是对于股东利益的保护而言都是下下策的选择，在实践中股东与法院都应当慎用。

第七章 公司治理

一、如何召集股东会和股东大会?

股东会与股东大会分属有限责任公司与股份有限公司,是公司的权力机关,虽然是法定必设机构,但并不是常设机构,仅仅通过普通会议和临时会议两种形式行使职权。普通会议又称股东年会或定期股东会议,是指公司依照法律或章程的规定必须召集的会议,通常是一年一次定期召集;临时会议,又称特别会议或者特别股东会,是指必要时在两次年会之间不定期召开的全体股东会议。在普通会议或者临时会议闭会期间,股东只能通过参与权的行使来对公司的生产经营活动施加影响。

可见,股东会或者股东大会会议并不是说想开就能开的,法律规定了在什么样的情况下以什么样的程序才能提议召开股东会会议的“股东会会议召开请求权”,规定了包含决定股东会会议召开的时间、地点、向股东通知和相关公告,负责相关议案的提交,主持决议的进行,记录会议相关情况等多项内容的“股东会会议召集权和主持权”。

对于有限责任公司股东会的召集与主持,《公司法》第四十一条有明确规定:(1)有限责任公司设立董事会的,股东会会议由董事会召集，董事长主持；董事长不能履行职务或者不履行职务的，由副董事长主持；副董事长不能履行职务或者不履行职务的，由半数以上董事共同推举一名董事主持。（2）有限责任公司不设董事会的，股东会会议由执行董事召集和主持。（3）董事会或者执行董事不能履行或者不履行召集股东会会议职责的，由监事会或者不设监事会的公司的监事召集和主持；监事会或者监事不召集和主持的，代表1/10以上表决权的股东可以自行召集和主持。

对于股份有限公司股东大会的召集与主持，《公司法》第一百零二条有明确规定：（1）股东大会会议由董事会召集，董事长主持；董事长不能履行职务或者不履行职务的，由副董事长主持；副董事长不能履行职务或者不履行职务的，由半数以上董事共同推举一名董事主持。（2）董事会不能履行或者不履行召集股东大会会议职责的，监事会应当及时召集和主持；监事会不召集和主持的，连续90日以上单独或者合计持有公司10%以上股份的股东可以自行召集和主持。

可见，按照法律规定，股份有限公司股东大会的召集权属于董事会，会议由董事长主持，在董事长和董事会无法履行职务时，才有后顺位的机构行使召集权与主持权的可能。这也表示，对于有召集权的主体不履行或者不能履行职责的情况，法律给予了相应的救济方式——总有主体可以召集股东会、股东大会或者临时股东会议，不至于令股东束手无策。

值得注意的是，由于股东大会并不是一个常设机构，因此必须通过召开股东会或者股东大会的方式进行决议，法律也规定了定期会议的设置以及频率要求，定期会议可以对公司经营过程中的任何问题作出决议。

《公司法》第四十条规定有限责任公司可以在章程中约定定期会议召开的时间，可以是年度会议、半年度会议甚至是季度会议。第一百零一条规定了股份有限公司的股东大会必须每年召开一次，有特殊情形的，应当在两个月内召开临时股东会议，特殊情形包括：第一，董事人数不足本法规定人数或者公司章程所定人数 2/3 时；第二，公司未弥补的亏损达实收股本总额 1/3 时；第三，单独或者合计持有公司 10% 以上股份的股东请求时；第四，董事会认为必要时；第五，监事会提议召开时；第六，公司章程规定的其他情形。

此外，股东大会的召集还应当符合法定程序，即股东大会召集应以书面形式于会议召开的一定期限之前通知或者通告股东。提前通知的期限，根据我国《公司法》第四十二条的规定，有限责任公司通知应当在会议召开 15 日之前进行；第一百零三条则规定了股份有限公司的召集程序：召开股东大会会议，应当将会议召开的时间、地点和审议的事项于会议召开 20 日前通知各股东；临时股东大会应当于会议召开 15 日前通知各股东；发行无记名股票的，应当于会议召开 30 日前公告会议召开的时间、地点和审议事项。

二、股东会如何议事与表决？其决议的效力如何？

1995年9月，某市电视机厂等8家企业共同投资设立A通信有限责任公司，A公司依法成立，注册资本为500万元。A公司成立后，适逢互联网开始在国内发展的好时机，A公司从事系统集成业务，大幅盈利。为扩大规模，拓展业务，该公司董事会于2001年8月拟订了一个增加注册资本的方案，提出把公司注册资本增加到1000万元，作为公司股东之一的电视机厂被要求认缴80万元。2001年9月18日A公司召开股东会，对增资方案进行表决，其中赞成增资的有5家企业，占表决权的65%，包括电视机厂在内的3家企业反对增资，并拒绝在股东会纪要上签字。由于电视机厂拒绝认缴80万元，董事会决定暂停电视机厂的股金分红，用以抵作出资。电视机厂遂向法院提起诉讼，要求确认董事会关于增资的决议无效，并按章程规定向其分配利润。该股东会决议的效力究竟如何？电视机厂的请求能够得到法院支持吗？

股东会会议决议的形成牵涉会议的议事方式和表决程序。这里所讲的议事方式不是指董事长或者执行董事主持会议的风格，也并不是每次会议开会的全部议程，如"全体起立奏国歌"等，它指的是会议议程的核心内容和程序：如会议资料的准备和发放，拟订的方案的讨论设计（分组讨论或者大会讨论），会议的记录工作，表决前的其他重要事项，如宣读律师针对表决方案的法律意见书、董事会、监事会接受股东质询或者对表决方案的说明解释及机构对表决事项的意见等。这些内容在《公司法》上基本没有规定，由公司章程加以规定或者由股东会会议通过专门的会议议事规则安排。

表决程序主要是指股东投票的开始、投票的方式（如举手投票或是选票投票，选举董事、监事是等额选举还是差额选举，是否推行累积投票制等）、以出资比例计票还是以人头计票等。《公司法》第四十三条规定，股东会会议由股东按照出资比例行使表决权；但是公司章程另有规定的除外。据此，股东会的议事方式和表决程序法律允许公司章程作出全面的规定，如果公司章程没有另外的规定，股东会会议计算表决权的依据就一定是股东的出资比例。这说明，股东多数决原则是《公司法》选择的基本原则。

此外，股东会会议按股东出资比例行使表决权时，一般问题的表决可采取简单多数通过即可，如审议批准董事会的报告或对公司发行债券作出决议等；但《公司法》第四十四条规定如作出修改公司章程、增加或者减少注册资本的决议，以及公司合并、分立、解散或者变更公司形式的决议，必须经代表2/3以上表决权的股东通过方可。这些事项是公司存在与发展的重大事项，关系股东的股本利益，因此《公司法》强制规定了更严的标准，公司不得通过章程予以放宽。而且，“2/3”的数额所指的基数是公司的全部有表决权的股份，不是出席会议的股东所代表的表决权股份，这同股份有限公司的有关规定不同（《公司法》第一百零四条）。

公司股东会的决议具有最高的效力。在我国，公司控制权平衡安排的法律框架内，股东会的决议对公司、对董事会、监事会、董事、监事及高管人员具有毋庸置疑的约束力。在西方市场经济国家，公司法确定董事会中心主义的管理模式下，股东会的决议不一定有能力改变董事会的决定，因为公司成立伊始即将公司控制权交付于董事会，股东会保留的权力一般是对公司重大问题的决议以及选举董事会的权力，而公司经营管理的事务则属于董事会决策的范围，在英国曾经发生股东会干涉董事会职权被法院判决股东会败诉的案件。但是，按照我国《公司法》关于股东会权力配置的原则，董事会必须服从股东会决议是成立的。董事会、监事会、经理没有权力对股东会的决议提起诉讼，但是如果股东会的决议侵犯董事、监事、经理个人权利的情况则另当别论，不过这是另一类的法律关系，在这种情况下，则公司是被告的角色，而非股东会。

股东会的决议如果违反法律、行政法规将会导致其无效，股东或者其他的利害关系人可以提起确认无效之诉；股东会会议的召集程序、表决方式违反法律、行政法规或者公司章程，或者决议内容违反公司章程的，股东可以自决议作出之日起 60 日内请求法院撤销。

本案中，A 公司股东会是合法召开，但是按照《公司法》的规定，增资决议应当由代表公司 2/3 以上表决权的股东通过方才生效，而 A 公司的增资决议只获得了代表 65% 的表决权的股东支持，未达到法定权数，不能通过，董事会执行的是无效决议，法院应当支持电视机厂的诉求。

三、股份公司的哪些事项必须要经过股东大会决议？

股东大会能够决议的事项就是股东大会的职权范围，关于股东大会的权限，各国公司法规定不尽一致。总体上来看，有两种情况：一是仍然规定股东大会为公司的最高权力机关，决定公司的重大问题并选出公司的决策机构，股东大会本身对外不代表公司，对内不具体执行公司的业务；二是随着股东人数的增加和股份的分散以及股市交易的频繁，真正掌握股票并从公司分取红利的股东人数减少，少数股东持20%或更低些标准以上的公司股份就可以控制公司，因此股东大会的权力和影响日渐萎缩，甚至受到限制。

需要说明的是，近10年来，由于公司运行中董事滥权的现象呈普遍化趋势，甚至造成内部人控制公司的严重局面，公司法学界主张扩大股东会的积极职能，保护投资者的全面利益，理论界称之为“股东革命”。在我国，公司法的框架内安排的公司管治制度，并未发展至董事会中心主义的程度。我国立法机关很注重股东权益的保护，将这样的立法意识贯彻于公司法的规范之中，体现途径之一就是尽可能详尽地列举出股东大会的职权。

我国《公司法》第一百条规定股份公司股东大会的职权适用《公司法》第三十八条第一款规定的有限责任公司股东会的职权：第一，决定公司的经营方针和投资计划；第二，选举和更换非由职工代表担任的董事、监事，决定有关董事、监事的报酬事项；第三，审议批准董事会的报告；第四，审议批准监事会或者监事的报告；第五，审议批准公司的年度财务预算方案、决算方案；第六，审议批准公司的利润分配方案和弥补亏损方案；第七，对公司增加或者减少注册资本作出决议；第八，对发行公司债券作出决议；第九，对公司合并、分立、解散、清算或者变更公司形式作出决议；第十，修改公司章程；第十一，公司章程规定的其他职权。

四、有限责任公司的董事会如何召集？其议事规则是怎样的？

董事会作为公司具体意思形成和执行机关，其意思的达成必须通过会议的方式来集中董事的意思，董事如何召集、谁来主持、决议怎么表决和形成等程序性事务对公司来说也至为重要。《公司法》对有限责任公司董事会的召开有具体规定。

第一，通常情况下，董事会由董事长召集并主持。董事长是公司的法定代表人，也是董事会的负责人，理应由其主持董事会工作，从而保证其对内能管理公司，对外代表公司从事经营活动。

第二，董事长因特殊原因不能履行职务或者不履行职务的，由副董事长召集和主持；副董事长不能履行职务或者不履行职务的，由半数以上董事共同推举一名董事召集和主持。特殊情况一般是指董事长生病、外出考察、旅游、疗养，或者因为其他情况而不能主持会议，而公司目前的经营状况又必须马上召开董事会会议。

第三，董事会应当对所议事项的决定做成记录，出席会议的董事应当在会议记录上签名。董事会决议的表决，实行一人一票。

上述内容是我国《公司法》对董事会的召集、主持、决议决定的记录、表决规则所作的强制性规定，公司章程不可以违反。但是，其他内容均未作出规定，可以由公司章程进行规定。这些内容可能包括会议举行的通知时间，讨论议题的提前发放，董事会的定期会议、临时会议的召集建议，董事长、副董事长不能履行职务或者不履行职务的概念界定，董事请假制度和委托其他董事代理表决制度，董事表决弃权的定性，普通决议的通过比例和特别决议的通过比例，董事对表决事项存在关联关系的说明与回避表决，董事会决议的保密与公开制度等。如果内容很细，在公司章程中难以穷尽规定的，公司也可以制定董事会工作规程对其召集、议事方式和表决程序加以规定。

《公司法》对于有限责任公司董事会会议的议事方式和表决程序之所以留给公司章程或者董事会工作规程去规定，主要是考虑到有限责任公司本身规模小，社会关注度不强，企业的情况差别很大，千篇一律地强制性规定如果不能有效地适应各个公司的具体情况，反而会对《公司法》的权威造成损害，对公司的运行造成不便。因此，在其董事会的活动方式上留有必要的空间，让公司的投资者通过章程予以规定，不仅是必要的，而且还会收到培养投资者权利意识和规则意识的效果。

此外，按照《公司法》第十八条的规定，董事会在研究决定有关职工的劳动报酬、福利、安全生产以及劳动保护、劳动保险及职工切身利益的问题时，应当事先听取公司工会和职工的意见，也可邀请工会或职工代表列席有关会议。在研究决定生产经营的重大问题、制定重要的规章制度时，应当听取公司工会和职工的意见和建议。法律的这一规定，同样适用于公司经理工作的此类情景。这些规定，体现了我国实行企业民主管理的原则以及保障职工民主管理权利的公共意志和精神。

五、董事会具有怎样的职权？

董事会是由股东大会选举产生，由若干名董事组成的，对内决策与管理公司事务，对外以公司名义活动的公司常设管理机构。董事会也是公司的法定机关，具有法律规定和公司章程所赋予的管理公司、决策经营活动以及对外代表公司的权力。在公司法人治理结构的体系内，董事会的地位和作用处在核心的位置，董事们接受公司股东大会的委托管理公司的事务，他们以集体或者个人的行为表达公司的意志，带领公司在市场经济的环境中求生存、求发展，给股东们创造所期望的利润。

董事会是公司的对外代表机关。公司是天然的外向型机构，其经营活动就是公司以交易条件为基础与外部社会的种种联系。通过这种联系，公司取得各种资源、销售产品和输出商业服务。而公司对外的活动势必明确代表人，否则不能确定交易活动的有效性。由董事会作为公司对外的代表机关可以节省公司交易的成本，提高运转的效率，这不仅符合商业上的惯例，而且为各国公司法共同接受。

董事会是公司的经营决策机关。董事会执行股东会决议，负责公司的经营决策，它有自己独立的职权，在法律和章程规定的范围内对公司的经营管理行使决策权力，并任命经理来执行公司的日常经营事务，经理对董事会负责。

各国公司法关于董事会职权的规定方式有所不同，有的国家采取列举式，法律条文逐项明确规定董事会的各项职权；有的国家则采取排除式，规定必须由股东会行使的权力以外的其他一切权力由董事会行使；而有的国家立法未对董事会职权作出具体规定，只是规定由公司在章程中安排。但是，为了提高公司经营运作的效率，各国公司法均赋予了董事会比较广泛的职权。

我国《公司法》对股份公司董事会的职权的规定与有限责任公司董事会职权的规定一致，主要包括以下几项职权：

（1）召集股东会会议，并向股东会报告工作；

（2）执行股东会的决议；

（3）决定公司的经营计划和投资方案；

（4）制定公司的年度财务预算方案、决算方案；

（5）制定公司的利润分配方案和弥补亏损方案；

（6）制定公司增加或者减少注册资本以及发行公司债券的方案；

（7）制定公司合并、分立、解散或者变更公司形式的方案；

（8）决定公司内部管理机构的设置；

（9）决定聘任或者解聘公司经理及其报酬事项，并根据经理的提名，决定聘任或者解聘公司副经理、财务负责人及其报酬事项；

(10) 制定公司的基本管理制度；

(11) 公司章程规定的其他职权。

六、监事会有什么职权？如何行使？

关于监事会的职权，我国《公司法》第一百一十九条规定援引《公司法》第五十四条和第五十五条，对股份有限公司与有限责任公司的监事会职权作出了相同的规定：(1) 检查公司财务；(2) 对董事、高级管理人员执行公司职务的行为进行监督，对违反法律、行政法规、公司章程或者股东会决议的董事、高级管理人员提出罢免的建议；(3) 当董事和高级管理人员的行为损害公司的利益时，要求董事、高级管理人员予以纠正；(4) 提议召开临时股东会会议，在董事会不履行本法规定的召集和主持股东会会议职责时召集和主持股东会会议；(5) 向股东会会议提出提案；(6) 依照《公司法》第一百五十二条的规定，基于股东的请求，对损害公司利益的董事、高级管理人员提起诉讼；(7) 公司章程规定的其他职权。

关于监事会的临时股东会或者股东大会的召集和主持权，《公司法》第四十一条和第一百零二条有明确规定——当董事会不能履行或者不履行召集股东大会职权的，监事会可代而行之。至于监事会是否有对外代表公司的权限，法律并没有明文规定。股份有限公司原则上应当由董事长或者董事会对外代表公司，但是特定情况下，监事会也应当有公司代表权。例如，监事要完成对董事会业务执行和公司财务状况的监督，审核董事会提交的各种账册、报表，肯定要聘请专业的会计师和律师进行，而聘请会计师和律师是以公司的名义进行的。根据各国公司法的规定，当出现以下情形时，一般规定监事会具有公司代表权：一是当公司与董事发生纠纷时，监事有权代表公司与董事发生诉讼关系；二是代表公司与董事交涉有关事宜，如董事薪酬问题等；三是在董事与公司发生诉讼时，有权代表公司谈判签约；四是在公司设立、解散、增资、减资、发行新股、募集公司债时，与董事一起代表公司到登记机构去办理各种注册、变更或者注销登记手续。

此外，《公司法》第五十五条规定监事不仅可以列席董事会会议，而且可以对董事会决议事项提出质询或者建议。这一规定实质上使董事会会议变成了董事会扩大会议，列席会议的监事虽然不能投票（也不像独立董事那样对某些问题有一票否决权或者发表独立意见的权能），但“提出质询或者建议”的的确确把监事的监督功能设计到事中监督而非事后监督，监事如同独立董事一样发挥作用；董事会强行通过危害公司利益的决议案的概率会大大降低，因为监事有权提出质询。

监事会或者监事发现公司经营情况异常，可以进行调查；必要时可以聘请会计师事务所、律师事务所等机构协助其工作，费用由公司承担。监事会或者监事履行监督职责必需的费用，由公司承担。监事会每6个月至少召开一次会议，监事可以提议召开临时监事会会议。监事会会议投票时应当为一人一票，监事会决议应当经半数以上监事通过。监事会会议决议的记录得由出席会议的监事签字后由公司备案。监事须为公司负保守秘密的义务。公司章程可以对监事会的工作程序作出补充规定。

为了保障监事有效行使职权，公司应采取措施保障监事的知情权，为监事正常履行职责提供必要的协助，任何人不得干预、阻挠。监事履行职责所需的合理费用应由公司承担，按时拨备。在公司与董事、经理之间的诉讼中，监事可代表公司；监事在履行职责的过程中，可代表公司聘请有关的专业机构协助其工作，费用由公司负担。监事在特殊情况下，有权直接召集股东大会以解决公司的紧迫问题。《公司法》应力挺监事的独立性和权威性地位，淡化监事会的集体活动功能而强化监事的独立工作职权和责任。

监事会成员在执行职务时，应当履行对公司的忠诚义务和善良管理人之职责。法律对监事会成员的责任标准的要求及任职资格的要求，与对董事、经理的要求基本一致。

七、经理由谁聘任？有什么职权？

无论是在有限责任公司还是在股份有限公司，经理一般都由董事会聘任，其权力虽由公司法规定出一般的内容与权限，但其职务的取得源自于董事会，且董事会对其权力可作出扩大或缩小的决定。因此，如果经理违法经营或者其能力、素质不够，董事会认为其不适合管理本公司，可以依法在董事会会议上决定对该经理解聘。我国《公司法》同样规定：经理由董事会聘任或者解聘。

虽然经理由董事会选聘并对董事会负责，不同公司的经理的实际权限并不完全相同，但是为了使公司能有效率地持续运营，从较多的公司运营的实践中总结提炼出经理机关的一般职权范围，在公司法上予以规定是非常必要的。它有利于公司权力资源的公平配置，形成制衡监督机制，有利于明确岗位职责并促进提高运营效率，在公司的对外交易关系上减少不确定性，降低与公司交易时的代理权识别成本与风险。凡是作为公司的经理，都能在公司的常业范围内对外代表公司，这是商业社会通行的惯例，公司法对经理权力的规定必不得有违这种惯例。各国公司法规定的经理的职权主要是管理公司的日常经营活动，并在董事会的授权范围内对外代理公司处理各类业务。具体来说主要包括：执行股东大会、董事会确定的经营计划和其他决定，任免公司高级管理人员及专业人员，主持公司日常业务，对外签订合同等。

我国《公司法》规定经理有权行使下列职权：（1）主持公司的生产经营管理工作，组织实施董事会决议；（2）组织实施公司年度经营计划和投资方案；（3）拟订公司内部管理机构设置方案；（4）拟订公司的基本管理制度；（5）制定公司的具体规章；（6）提请聘任或者解聘公司副经理、财务负责人；（7）决定聘任或者解聘除应由董事会聘任或者解聘以外的负责管理人员；（8）董事会授予的其他职权。此外，经理有权列席董事会会议。公司章程对经理职权另有规定的，《公司法》予以认可。

根据《公司法》有关规定，公司章程可以选择董事长、执行董事或者经理担任法定代表人，如果经理是公司的法定代表人，其对外代表公司的职权自无疑义，即使经理并非公司的法定代表人，其作为公司的法人代表，在公司日常经营范围内以公司的名义作出的法律行为，其后果应当归属于公司，除非交易第三人知道或者应当知道经理在签约事项上并无相应授权。

八、高管人员因为个人原因遭到起诉应该如何处理？

李乐毕业于某著名院校的管理专业，2008 年 3 月被 A 市某软件开发股份有限公司聘为总经理，全面负责公司的生产经营工作。至 2009 年 2 月时，李乐于 2008 年 2 月向中国工商银行 A 市某支行所借的 200 万元贷款到期，理应如期偿还。银行信贷部工作人员多次向其催还贷款，李乐均以各种理由推脱，也并没有办理任何延期手续。最后，银行向当地法院起诉，要求李乐履行还款义务并赔偿利息损失。李乐遭到起诉的消息被软件公司的董事会得知，由于事情的反响强烈，董事会召开了临时会议对此事进行商讨。在董事会会议上，众董事经讨论后决定解除李乐的总经理一职。李乐不服，他的任期是 3 年，如今才刚刚任满 1 年，而且他并没有违反聘用合同的规定损害公司利益，为什么仅仅因为遭受起诉就要被撤换呢？

日常生活中可能会遇到公司经理在任职期间遭受到起诉的情况，有些诉讼是人身方面的纠纷引起的，有些诉讼是财产方面的纠纷引起的。那么，当总经理遭受到起诉时，作为公司应当怎么办呢？是无动于衷还是采取积极措施应对呢？

由于公司高级管理人员直接经手公司经营事项，其个人能力以及品行关乎公司的存亡，因此法律对他们的任职资格作出了严格的限制。根据《公司法》第一百四十七条的规定：“有下列情形之一的，不得担任公司的董事、监事或者高级管理人员…… (五)个人所负数额较大的债务到期未清偿……”当软件公司聘任李乐担任总经理时，他仅仅只是对银行负担了一大笔债务，但是该债务并未到期，更谈不上清偿的问题，因此并不影响软件公司对他的聘任。随着市场经济的发展，社会生活的日益复杂化，导致社会纠纷增多，由于人在不同的社会关系中扮演不同的角色，这些角色之间便可能产生冲突，此时，法律规定调节作用的重要性便凸显出来。

一般来说，对于总经理在多层次的社会关系中扮演的不同角色，由董事会来进行控制和监督即可，公司既可以选择继续履行与李乐的聘任合同，也可以根据情况单方面解聘李乐。但是如果继续聘任李乐担任公司总经理的话，由于其所负担的个人债务达到了200万元之多，且到期未偿还，将会造成很不好的社会影响，使得社会公众或者公司债权人对公司信用产生怀疑。但是如果章程或者合同没有对这种特殊情况的出现进行约定的话，公司单方面解除聘任合同将会使得公司蒙受一笔巨额的违约金赔付，使得公司陷入两难境地。

不过，《公司法》第一百四十七条对这一困境已经给出了解决方法，其第三款规定：董事、监事、高级管理人员在任职期间出现本条第一款所列情形的，公司应当解除其职务。值得注意的是，此处法律用的“应当”而不是“可以”，也就是说，只要经理出现一百四十七条第一款规定的五种情形之一，公司就必须立即解除其职务。法律这种强行性规定的目的除了保护中小股东利益之外，也是为了配合加强经理人市场建设的步伐。

九、公司职工仅仅只能是“打工仔”吗?

在现代社会，尽管电脑这样的高新技术产品越来越多地被运用到公司的运转之中，人们对于这些电子产品的依赖性也越来越强，但职工在公司中的作用也无可替代，人力资本的重要性逐渐凸显，职工对于一个公司发展的作用正越来越清晰地被大家认识。要充分发挥职工的主动性和积极性，就必须联系到职工的权益保护问题，因为如果不对职工的利益进行保护，甚至将职工与公司之间的关系对立起来，这对公司而言是有弊无利，最终是得不偿失。

2005 年修订的《公司法》对职工权益保护更加丰富和具体，相比较于以前概括性规定，修订后的《公司法》具体制度更有利于实施，也更有利于职工利益的保护和对公司事务参与积极性的提高。例如，在组织工会上，明确规定以《工会法》为依照的对象，此外，也参照了《劳动法》中有关集体合同的事项。对于公司而言，职工总是处于弱势地位，在信息获得、地位平等、权利大小上总是存在着差异。《公司法》明确规定公司工会可以就职工的劳动报酬、工作时间、福利、保险和劳动安全卫生等事项依法与公司签订集体合同，实际上是让工会这样一个组织来和公司在相对平等的地位上对职工的一些基本权益保护事宜上进行协商，职工与公司签订劳动合同的时候，有集体劳动合同的最低标准，其基本待遇就得到了保障。

职工是公司不可或缺的一部分，职工身处公司之中，对公司的具体运营状况比较了解，而且作为公司的一分子，职工一般对公司都怀有一种深厚的感情。修订后的《公司法》规定："公司研究决定改制以及经营方面的重大问题、制定重要的规章制度时，应当听取公司工会的意见，并通过职工代表大会或者其他形式听取职工的意见和建议。"应该说这是对职工的一种情感上的尊重，也有利于职工集体智慧的形成，同时也可以对公司的发展提供中肯的群众意见。

事实上，除了保障职工的基本利益和扩大职工对公司经营管理的参与范围之外，国外已经有许多实践将职工纳入公司管理层，或者干脆把职工由公司的"雇员"变成公司的"所有者"，如"员工持股计划"，从而增加他们参与公司经营决策的积极性，以及增强他们对公司的归属感。

职工并不是单纯的劳动者，他们是公司发展中至关重要的一环，我国《公司法》虽然增加了有关职工权益保护的规定，在公司与职工关系的良性互动上取得了一定的成果，但是相对于丰富多彩的公司生活而言，相对于职工对公司的归属感而言，公司和股东仍然有努力的空间。

十、董事、监事和高管人员有哪些义务？

由于公司董事是股东选举出来从事公司日常经营管理活动的，公司的董事、经理及其他高级管理人员与公司的关系是属于受托人与受益人之间的信托关系，他们应当按照公司股东会、股东大会或者董事会决议，从公司最高利益出发，尽最大的努力，以一个称职的公司管理人应有的谨慎从事公司的经营管理行为。这就要求公司董事、监事、高管人员在从事经营管理活动的过程中应当诚实守信，勤勉尽责，不得为自己或者他人牟取私利。

（一）忠实义务

依据信托关系的法理解释，董事、监事、高管人员对公司负有忠实义务，其内涵可以概括为：董事、监事、高管人员执行职务的心理动机必须是实现公司的利益，不得利用职务机会谋求个人的私利；不能使自己处于和公司利益相对抗的地位；不能自行或代理他人从事与所任职公司存在竞争关系的业务；在作出公司的决策时不能偏袒大股东而损及小股东的利益；不能掠夺公司的商业机会；不得擅自决定以公司财产为他人债务提供担保；在与公司发生雇佣合同以外的业务时必须向董事会公开信息，并回避参与表决等。

在这种思想背景指导下，以前述内容为核心指引，我国《公司法》增加了系统规定明示禁止董事不符合忠实义务要求的各类行为的单独条款，即第一百四十九条规定，董事、高级管理人员不得有下列行为：

（1）挪用公司资金；

（2）将公司资金以其个人名义或者以其他个人名义开立账户存储；

（3）违反公司章程的规定，未经股东会、股东大会或者董事会同意，将公司资金借贷给他人或者以公司财产为他人提供担保；

（4）违反公司章程的规定或者未经股东会、股东大会同意，与本公司订立合同或者进行交易；

（5）未经股东会或者股东大会同意，利用职务便利为自己或者他人谋取属于公司的商业机会，自营或者为他人经营与所任职公司同类的业务；

（6）接受他人与公司交易的佣金归为己有；

（7）擅自披露公司秘密；

（8）违反对公司忠实义务的其他行为。董事、高级管理人员违反上述规定所得的收入应当归公司所有。

董事的竞业禁止义务，是属于忠实义务中的一项，法律规定这一义务的目的是为了防止不正当竞争的发生，以避免公司利益受到损害。一旦董事或者高管人员处于公司竞争者的地位，其就不可能去实现公司利益的最大化。

虽然违反竞业禁止义务的行为是为法律所禁止，但是该行为本身并非无效。因为董事违反竞业禁止义务的行为往往涉及善意第三人的经营者或者消费者，他们不可能也没有义务去知道对方董事与自己订立合同的行为违反了竞业禁止义务。当然，如果董事的这种行为是与第三者事先串通而为的，即为无效。

董事违反竞业禁止义务的行为在公司内部应当受到一定的制裁，具体而言，对于违反该等义务的董事，公司具有以下两个权利：一是请求权。公司董事如果违反竞业禁止义务，而与所任职公司进行了竞业行为，公司可以请求该董事停止其竞业行为。二是归入权。我国《公司法》明确规定，董事、高管人员违反忠实行为的诸行为，所得收入应当归公司所有。归入权的对象，既可以是董事为自己利益而获得的竞业收入，也可是董事为他人利益而获得的竞业收入。

（二）勤勉义务

勤勉义务（duty of diligence）也称为谨慎义务（duty of prudence）、注意义务、小心义务（duty of care），它强调董事履行职责时得认真、仔细、专注、兢兢业业、虑事周全，董事应当具备公司所在经营行业的一般知识和特殊知识、有经验，董事在讨论和投票表决前明白所要议决的事项，对其中可能存在的风险有基本的了解，董事考虑了这种风险而后依自己的学识和经验作出判断。董事对复杂的事务可以依赖专业人员的分析意见而表达自己的判断。董事对公司的业务所应尽到的注意义务，从客观方面看，应当符合一个有同样学识和经验的人在处理自己的事务时所应尽到的注意义务一样。

较之忠实义务，把握勤勉义务的标准似乎更难，它需要以其他人的正常心态和智力水平作为参照去衡量董事在当时决策时的心理状况，而且事后判断会使错误的痕迹暴露无遗，判断者意识清醒没有压力，犯错的董事容易受到指责和惩罚。因此，法律主张采用以客观为主的综合性标准。即判断董事勤勉义务的履行状态，应当以普通谨慎的董事在同类公司、同类职务、同类相关条件和环境中所应具有的注意、知识和经验程度作为衡量标准。倘若有证据表明某董事的知识、经验和资格明显高于一般标准时，应当以该董事是否诚实地贡献出了他的实际能力作为衡量标准。如此，才可以克服单纯的客观标准和单纯的主观标准具有的缺陷，使事后判断符合实际。如按照英美法系国家普通法上的精神，董事应当对其他董事的行为负有监督之责，体现在董事会会议活动的层面上就是要求董事对其他董事决策时可能发生的错误要给予规劝，说明道理，董事在董事会上没有洁身自好、明哲保身的权力。否则，董事有可能违反对公司的勤勉义务。

勤勉义务的规定是为了激励董事以谨慎心态从事公司经营活动，避免市场上出现“劣币驱逐良币”的现象，在此义务的要求下，董事们既不能为了明哲保身而怠于作出判断，也不能为了获得高额利润而过于冒险，要始终从公司利益最大化的角度出发来思考和判断问题。

第八章 公司资本制度

一、资本分期缴付制度与授权资本制有什么不同?

公司的注册资本，是公司章程确定等于或高于法定最低资本标准数额，由全体股东认购的并在公司登记机关登记的股本总额，由于不同国家的公司法规定不同，股东向公司缴付的注册资本分一次性缴付和分期缴付两种方式。这种规定了最低资本标准数额，并在公司设立时一次性发行完毕的就是法定资本制。在英美法系国家和个别传统上属于大陆法系的国家，没有规定法定最低资本金标准，公司章程写明的注册资本只是公司的发起人股东为董事会发行资本所确定的最高限额，公司可以由一名股东发起设立，设立公司所需的发行资本可以为 1 个标准货币单位如 1 美元、1 日元、1 港币等，公司的股东会不具体负责资本发行的事项讨论与决议形成，授权由董事会根据公司需要随时在注册资本范围内发行资本。这种资本制度对应于法定资本制，被称为授权资本制。

资本的分期缴纳制度是依附于法定资本制的，它是指在法定资本制下，公司的注册资本由股东全部认购完毕，但是可以不用一次性缴齐，而是在法定期限内分数次缴纳完毕的制度。授权资本制不同于法定资本制框架下的分期交付制度，因为法律不要求公司设立时股东得首先认购完毕章程确定的注册资本数额，股东对资本的交付义务产生于董事会的发行行为和股东的认购行为，董事会没有决定发行或者虽然决定发行但原股东没有认购，仍然不对股东产生资本交付义务，因此注册资本也不是股东对公司负责任的法律界限。如果公司章程确定的授权限定董事会只能向股东名册中记载的股东发行股份，并且确定了向特定股东发行股份的比例甚至发行的时间、条件的，董事会一旦按照章程的授权形成股份发行的决议，有关的股东就要承担交付资本的义务。从这个意义上讲，在授权资本制体制下，某些发达国家公司法规定的注册资本又可以称为授权资本（authorized capital）、核准资本、设定资本（stated capital）和名义资本（nominal capital），它是指在公司章程上已经明确规定即授权董事会发行的资本总额，但不一定是实际发行完毕的或公司实际收到的资本，它表明了公司资本发行的最大空间，在公司实际收到前仅为名义的存在。

授权资本制没有法定最低的资本数额标准要求，公司的注册资本实际是名义资本，股东的出资义务基于公司章程对董事会的授权和董事会发行资本时股东的实际认购行为。公司的注册资本也叫授权资本、名义资本，只是代表了董事会发行股份的最高限额，而与债权人的债权保障没有任何联系。法定资本制下，注册资本就是公司的实际资本，股东的出资义务是其在公司设立时对注册资本的认购比例。出现了资本分期缴纳制度以后，可能在公司经营的某一时段，有部分股东认购的资本尚未到位，导致公司实际收到的资本与注册资本不符，但是法律一般对分期缴纳的期限都有限制，等到过了这个期限，注册资本最终一定会与实收资本相符。

资本分期缴纳制度与授权资本制最本质的区别就在于股份是否在公司设立时一次发行完毕，资本分期缴纳制度是一次发行完毕，公司再次发行股份时属于“增资”，如果是对不特定对象发行新股，则可能会稀释掉原有股东的股权份额；但是在授权资本制下，公司董事会决定再次发行股份时，只要最终募集的资金不超过事先设定的最高额（也就是注册资本），都不属于增资。在授权资本制下，公司对外债务的一般担保是公司的资产，因为注册资本没有实际意义，基本上都是名实不符；在法定资本制下，注册资本往往会作为公司债务的一般担保，对债权人彰显其意义。但事实上，公司的注册资本在公司成立后很快会投入公司的经营，可能会盈利，也可能会亏损，如果公司亏损了，实际的公司资产也不可能达到注册资本的水平，所以其担保意义也并不大。资本分期缴纳制度和授权资本制都能够解决注册闲置资本的问题，使得公司股东在资金运用上更为灵活。

二、我国《公司法》允许公司减资吗？减资有什么程序？

公司资本的减少，也称为减资，是指公司在存续期间依法定程序降低资本总额的行为。公司减资的原因是多方面的，可能是缩小经营范围和生产规模，也可能是改变公司经营亏损的状况，还有可能是公司经营的外部环境恶化所致，某些情况下是公司的大股东试图通过集中股份压缩受益股东数的原因引起的。

公司资本的维持原则和不变原则都强调公司资本的稳定性，以对债权人利益形成保障。但公司确因不可克服之原因需减资的，法律也不禁止，只是规定有严格的程序。同时，公司减资后的注册资本数不得低于法定最低资本额。

公司减资的程序一般如下：第一，由股东大会作出决议。第二，通知和公告通知公司的债权人。第三，回赎公司发行在外的股票或声明降低发行股票的价值。第四，办理公司资本变更登记手续等。有的国家公司法还规定：公司因减资须变换新股票时，应于减资登记后通知或公告公司股东换取股票，期限不少于90日，逾期未更换股票的，即认为丧失股东权利，公司应将其股票拍卖，所得金额退还股东。

依照我国《公司法》的规定，股份有限公司减资得依下列程序进行：

第一，由公司董事会拟订公司减资方案。

第二，股东大会作出决议。

第三，编制资产负债表及财产清单。

第四，自作出减资决议之日起在10日内通知债权人，并于30日内在报纸上公告。

第五，债权人自接到通知书之日起30日内，未接到通知书的自公告之日起45日内，要求公司清偿债务或提供担保。

第六，修改公司章程。

第七，办理变更登记手续。

三、公司债权融资有哪些表现形式?

通过向第三人借款而筹集资本被称之为“债权融资”(debt financing)。因此所形成的资本被称之为“债权资本”。债权资本是公司的对外负债，它表明公司与借款人之间的关系是债权债务关系。

债权融资可分为三种情形：一是向金融机构借款；二是向股东借款；三是向社会公众借款。债权资本可以是短期的，如果银行贷款或者发行公司债券；也可以是长期的，如发行长期债券，其期限可长达数十年。譬如，保险公司运用人寿保险基金时往往购买的就是与人寿保险期限相匹配的长期债券。

通常的债权融资形式是公司向银行等金融机构借款，这是最为传统的公司融资方式。公司与银行等金融机构之间的借款关系是一种债权债务关系。并由借款合同加以约束。由于借款关系同时又属于金融业务，因此，该种关系还需要受到商业银行法以及相应的行政法规的规范。

公司依照法定条件和程序，通过向社会公众发行流通性债券而募集资金所发生的债务就是公司债（corporatebonds/debenture）。由此可见，公司债也是一种债的关系。只不过在这种情况下，其债权人是购买和持有其债权的社会公众投资者。公司发行公司债券并与债券持有人形成债权债务关系。在本质上，这种关系属于合同关系，因而由合同法调整。但是，由于公司发行公司债券涉及众多的社会公众，为了保护这些公众债券持有人的利益，公司法和证券法也对这种活动加以规范，主要表现为对发行公司债券设定相应的条件和程序，期望以此达到维护交易安全的目的。

股东也可以对公司提供贷款。正常的股东贷款与一般的债权融资并没有什么不同。二者均可为他人对公司的债权投资。

向公司投入初始资本的股东通常希望将其所投入资本的一部分带给公司。这样安排，既有税务上的好处，也有非税务上的好处。

第一，税务优势。

双重征税（double taxation）是税法对公司的征税特征，即税法对公司利润要征收两次税收。第一次是针对公司的盈利；第二次是针对股东分配所得的股利，无论是普通股还是优先股的股利均须扣除税收。因此，利用债权投资可以使股东从公司得到的回报免予双重征税。但对于合伙企业以及有的国家所承认的特殊公司，如美国的“S公司”、“有限责任公司”（LLC）等，则不能体现出其税务优势。因为这里只存在一层税收，即只对合伙人或者股东征收所得税，而不向企业征收所得税。

既然公司资本结构中股东债权的存在可以减少征税，因此，通常股东都希望在公司的资本结构中其债权比例越大越好。但这样做可能存在一定的危险：即如果债权比例过高的话，将会导致公司债股比例（debt/equity ratio）失衡，使公司经营风险增大。如果一公司的债股比例过高，该公司被称之为“羸弱公司”（thin corporation）。在这种情况下，法律可能会将贷款作为股权对待或者使该债权的清偿处于不利地位。譬如，有的国家法律规定，当股东投入的股权资本不充分或者只有名义股权资本投入时，可以将股东对公司的贷款作为对公司的全部或者部分出资对待，或者在公司破产时，使基于股东贷款而发生的债权后于普通债权人而受清偿。比较而言，公司从第三人那里获得的贷款则不会发生类似的风险和后果。

第二，简化股权结构。

债权融资的一个重要好处是，当一些投资者较之于另一些投资者投入更多的资本时，它可以简化公司股权结构，并作出合理安排。例如，A 计划投入 10 万元现金；B 计划投入价值 6 万元的非现金财产，但却希望拥有公司 50% 的股权。为了使 A 和 B 对公司享有同等的股权，公司章程作出如下安排：A 和 B 各自出资 6 万元，A 另外借给公司 4 万元。该笔贷款的清偿条件、利率由合同另行约定。这样安排的好处在于：尽管 A 和 B 向公司的投资不同，但却可以享有相同股权，以保证 B 与 A 对公司享有同样的控制权。

第三，降低投资风险。

如果公司经营失败，债权融资式的股东可以与普通商业债权人一样回收其债权；而在同样情况下，如果是股权投资，股东则可能部分或者全部丧失股权投资。

第四，杠杆效用。

第三人提供的贷款为股权投资者提供了一个杠杆（leverage)，并使其能够提高投资回报。当企业利用借入的金钱所产生的收益大于其借贷利息时，杠杆作用就发生了。

四、公司债券与国库券、股票和普通债务有什么区别?

我国《公司法》第一百五十四条对公司债券所作的定义是：公司依照法定程序发行的、约定在一定期限还本付息的有价证券。

（一）公司债券 VS 国库券

公司债券是一种商业债权凭证，而国库券是由一国中央政府以财政名义发行的债券。国家在特定的历史时期，基于一定的原因向本国国民或向外国国民发行债券，如筹措重点项目建设基金、回笼货币、降低通货膨胀指数、弥补财政亏损等。我国近些年发行国库券筹集的资金有用于支持国有企业改制的，有用于西部开发建设的，有扩大内需实行积极财政政策的，等等。公司债券与国库券的主要不同点是发行主体不同。

此外，在保证兑现的效率上也不尽一致，国库券的兑现率是百分之百有保障的，它的还本付息以国家财政和税收为担保，而公司债券只是以公司财产提供担保，具有一定程度的商业风险，因此很多人把国库券称为金边债券。在流通性和转让方式上国库券与公司债券有一定的共同性，然而，公司债券在一定条件下可转换为股票，国库券只能是还本付息。

（二）公司债券 VS 股票

公司发行债券与发行股票同样是筹集资金，债券和股票均作为典型的证券能在证券市场上流通和转让。但债券与股票所代表的法律关系截然有别，主要体现在以下方面：

一是证券持有人与公司形成的法律关系的性质不同。债券只代表一定的债权债务关系，而股票则是一种所有者凭证，股票的持有者是公司财产的最终所有者。因此，双方的法律性质不同，权利义务也不同。债券持有者一般不介入公司的经营活动，而股票的持有者即股东则有权通过股东大会参与公司管理事务以及选择公司的管理者。

二是证券发行主体的范围不同。按我国《公司法》的规定，股票只能由股份有限公司发行，发行债券的公司则有股份有限公司和有限责任公司两类。公司债券的发行主体的范围远大于股票发行主体的范围。

三是证券利益实现的方式不同。公司债券的持有者，对于其债权利益的实现有直接的请求权，不管公司是否盈利或盈利多少，公司都应当履行按期给付本金及利息的责任。而股票的持有者，作为股东对公司利益的分配请求权，只是在公司有盈余的情况下才能实现。同时，公司债的利率是事先约定并保持不变的，股利则随公司的业绩灵活确定，盈利多，则多分；盈利少，则少分；无盈利则不分，最多是为了维持股票的稳定，借用上年盈利分较少的部分。正因如此，股票可以溢价发行，而债券则不允许溢价发行。另外，公司债券体现了债权优于股东权的原则，因此，股票与债券在利益分配的顺序上债券优于股票；在商业风险上债券小于股票；在利益分配的数额上，债券是预先确定的，而股票则含有较大的风险利益；在公司清盘时，债券应优先予以兑付清偿，而股票体现的股东利益在最后阶段公司财产有剩余时才能分配。

（三）公司债券VS普通债务

第一，公司发行债券是面向社会发行的，往往为广大公众持有，因而是否如期偿付会产生一定的社会影响；普通之债则是向特定的金融机构或企事业单位及个人借贷形成的。

第二，公司债券的发行有严格的法定条件和法定程序，筹资的费用也较大；而普通债务则无须过分严格的审批与政府监管，由借款人与出借人协商确定即可。

第三，公司债券可自由流通转让，但普通之债的有关契据则不具有自由流通转让的性能。

五、哪些公司可以发行债券？

并非所有公司都可以发行债券，如果公司已经有资不抵债之虞，其发行债券的安全性就得不到保障。按我国《证券法》第十六条的规定，公开发行公司债券，应当符合下列条件：

第一，股份有限公司的净资产不低于人民币3000万元，有限责任公司的净资产不低于人民币6000万元。公司的净资产是公司的资产总额减去公司负债的部分。这部分资产是公司发行债券的物质担保，必须达到一定数额才能充分保障公司有能力向债券持有人履行偿还义务。由于股份公司是大型公司居多，资金运作能力强，故法律规定的净资产标准要低一些；有限公司是小公司居多，个别大公司可发行债券，但法律规定的净资产额要高一些。《企业债券管理条例》的规定比较笼统，要求企业规模达到国家规定的要求、企业的财务会计制度符合国家规定、企业具有偿债能力等。

第二，累计债券余额不超过公司净资产的40%。累计债券余额是指公司本次发行债券为首次发行债券的，其发行的总金额；本次发行并非是首次发行的，本次发行的金额与以前发行债券未得清偿余额的总和。我国《证券法》规定发行债券余金额不得超出公司净资产额的40%，是考虑到公司在债券发行完毕后正常经营期间还可能有新的负债，或其净资产额在偿付债券本金、利息日前的消耗减损，有可能影响公司对债券持有人偿付本金及利息，故而作此限制，以保障债券持有人的权益。负债经营有利于盘活企业的资产，刺激公司的盈利能力，有助于公司节约经营成本，但负债过高也会增加公司的经营成本和风险。

第三，最近3年平均可分配利润足以支付公司债券1年的利息。公司的可分配利润是指公司依法纳税后的利润，在首先用以弥补亏损、提取法定公积金、提取任意公积金之后用于向投资者分配利益的金额。拟发行债券总额经国务院授权的部门核准是一个定数，其利率也在国家规定的范围内事先确定，故而每年的债券利息额也是一个定数。

法律规定发行债券的公司在发行日前3年的平均可分配利润须足以支付1年的债券利息，这是对企业信用经营能力的一种检验和考核，目的仍是保护债券持有人的利益。当公司前3年的平均可分配利润能够达到足以支付公司债券1年的利息，在公司股东分配以前首先可以将利润用来支付利息，而公司债券的本金应当体现在公司的资产中，资产与负债相抵应当没有预料以外的风险。如果公司前3年的平均可分配利润尚不足以支付1年的债券利息额，说明企业信誉和经营业绩不佳，因此也不会被核准发行债券。

第四，筹集资金的投向符合国家产业政策。公司发行债券，必须明确所筹资金的使用方向及项目，必须对这一项目制作可行性研究报告，并且该项目不是国家产业政策禁止或限制的，对环境不产生严重污染，符合城市规划要求，以及能源、原材料及其他综合条件有保障。不满足上述条件，所筹资金的使用就会受阻，导致最后影响对债权人支付本金和利息。

第五，债券的利率不超过国务院限定的利率水平。我国市场经济体制下，利率的调控是中央人民政府对国民经济实行宏观调控的一种手段。国务院有权根据市场情况调整规定企业发行债券的利率。由于企业发行债券一般是存有一定风险的，如果发行债券的利率和银行同期存款利率完全一致或更低的话，就不会有人去购买债券，发行也就不可能成功；但企业利率规定太高，一方面会影响金融秩序的有效运行，另一方面也会使企业兑付发生困难而造成债券持有人的利益难以实现。因此，国务院于1993年8月

2日重新颁布《企业债券管理条例》，其中第十八条规定“企业债券的利率不得高于银行相同期限居民储蓄定期存款利率的40%”。公司发行债券，得遵守此规定。所不同的是，在未来的经济环境中，商业银行的利率水平可能会由中央银行即中国人民银行而不是国务院制定和发布。

第六，国务院规定的其他条件。由于公司债券的发行牵涉面广，国家有可能根据国民经济发展的实际状况对之作更多的干预。《证券法》授权国务院可对发行债券的条件作出补充规定，因而第六项条件即是授权性规范。

上述六项条件是公司发行债券的一般性规定。我国《证券法》的补充规定是：

一是公开发行公司债券筹集的资金，必须用于核准的用途，不得用于弥补亏损和非生产性支出。

二是上市公司发行可转换为股票的公司债券，除应当符合上述六项规定的条件外，还应当符合《证券法》关于公开发行股票的条件，并报国务院证券监督管理机构核准。

三是有下列情形之一的，不得再次公开发行公司债券：第一，前一次公开发行的公司债券尚未募足；第二，对已公开发行的公司债券或者其他债务有违约或者延迟支付本息的事实，仍处于继续状态；第三，违反《证券法》规定，改变公开发行公司债券所募资金的用途。

六、发行公司债券要经过哪些程序？

公司债券的发行程序，一般应由公司作出决议、提出申请、报政府核准、公告募集、应募与记载等阶段方得完成。

（一）决议

符合法律规定的发行公司债券条件的有限公司、股份有限公司欲发行债券，首先得由公司董事会制订方案，并由股东会或者股东大会作出决议。国有独资公司发行债券，按照我国《公司法》第六十七条的规定，必须由国务院或者地方人民政府授权的国有资产监督管理机构作出决定。非公司法人企业应当由其决策机关作出决定，国有企业同时还应由其主管机关批准决定。

（二）申请

拟公开发行债券的公司权力机关决议或决定形成后，应由董事会负责依法向国务院授权的部门或者国务院证券监督管理机构提出申请并报送下列文件：（1）公司营业执照；（2）公司章程；（3）公司债券募集办法；（4）资产评估报告和验资报告；（5）国务院授权的部门或者国务院证券监督管理机构规定的其他文件。

依照《证券法》规定聘请保荐人的，还应当报送保荐人出具的发行保荐书。这里，受理公司公开发行债券申请的政府机关不仅仅是国务院证券监督管理机构，还提到“国务院授权的部门”，这是因为一些大型国有企业发行债券、金融公司发行债券、非上市的股份有限公司或有限责任公司发行债券，并不是归属于中国证监会主管，国务院授权的部门都有核准公司债券发行的权力。

我国《证券法》第二十条规定，发行人向国务院证券监督管理机构或者国务院授权的部门报送的公司债券（证券）发行申请文件，必须真实、准确、完整。为公司债券（证券）发行出具有关文件的证券服务机构和人员，必须严格履行法定职责，保证其所出具文件的真实性、准确性和完整性。任何公司、任何人，未提申请或申请未被核准的，不得以任何方式私自发行债券，擅自发行的，由政府有关部门责令停止发行并退还已募资金并加付银行同期存款利息，并处非法所募资金1%以上5%以下的罚款。构成犯罪的依法追究刑事责任。

公司向国务院授权的部门或者国务院证券监督管理机构提出申请，应当在发行公司债券申请书中写明公司决议有关的内容或附公司关于发行债券的决议文本，说明债券发行总额与债券票面额、所募资金的使用方向及可行性分析等内容。在资产评估报告和验资报告中对企业净资产额以及以前发行债券的兑付情况及其他债务的履行情况由资产评估机构和验资机构作出如实说明。非公司法人企业依据《企业债券管理条例》的规定，报送审核的文件与前述情况基本一致，不同的是以《发行章程》代替《公司债券募集办法》，经会计师事务所审计的企业近三年的财务报告代替《资产评估报告》和《验资报告》。

（三）政府审查与核准

根据我国《公司法》、《证券法》的规定，国务院授权的部门或者国务院证券监督管理机构是发行公司债券的主管核准部门，其中，国务院证券监督管理机构只负责上市公司公开发行的公司债券，包括可转换公司债券，而其他种类的公司发行公司债券的由国务院授权的其他部门核准。从实务角度看，拟发行公司债券的公司向国务院授权的部门或是向国务院证券监督管理机构提出申请，应首先向地方政府的相关机构或部门提出，经核转而到达。按照过去的通例，国务院有权依据经济发展的总体水平而规定出每年公司债券发行的总规模，并将此规模分配至各省政府和中央有关经济管理部门，这种指标分配就代表了国务院授权。国务院授权的部门和国务院证券监督管理机构在核准公司债券的发行时，不得超过国务院确定的规模。

对于公司发行债券的申请，国务院授权的部门或者国务院证券监督管理机构经过审查，根据情况作出以下不同的决定：对符合《证券法》规定的条件的申请，予以核准；对不符合《证券法》规定的条件的申请，不予核准。

对已作出的核准如发现不符合《证券法》规定的，应予撤销。尚未发行公司债券的，停止发行；已经发行公司债券的，发行的公司应当向认购人退还所缴款项并加付银行同期存款利息。此外，《证券法》第二百二十七条还规定，国务院授权的部门或是国务院证券监督管理机构对不符合法定条件的债券发行申请予以批准，情节严重的，对直接负责的主管人员和其他直接责任人员，依法给予行政处分。同时，根据《刑法》的有关规定，该行为构成犯罪的，依法追究刑事责任。

（四）公告公司债券募集办法

公司债券的发行申请经国务院授权的部门或国务院证券监督管理机构核准后，公司应当依法公告其公司债券募集办法。

“公司债券募集办法”是公司就当次债券募集制定的内容全面并具有法律约束力的章程性文件，在《企业债券管理条例》中直称为“发行章程”；根据我国《公司法》第一百五十五条的规定，公司债券募集办法应当载明下列主要事项：（1）公司名称；（2）债券募集资金的用途；（3）债券总额和债券的票面金额；（4）债券利率的确定方式；（5）还本付息的期限和方式；（6）债券担保情况；（7）债券的发行价格、发行的起止日期；（8）公司净资产额；（9）已发行的尚未到期的公司债券总额；（10）公司债券的承销机构。此外，还应说明国务院授权的部门或国务院证券监督管理机构核准的内容、文号和日期。

上市公司发行可转换为股票的公司债券，应当在债券募集办法中规定具体的转换办法。《企业债券管理条例》第十三条规定的《发行章程》要求包含以下内容：（1）企业的名称、住所、经营范围、法定代表人；（2）企业近3年的生产经营状况和有关业务发展的基本情况；（3）财务报告；（4）企业自有资产净值；（5）筹集资金的用途；（6）效益预测；（7）发行对象、时间、期限、方式；（8）债券的种类及期限；（9）债券的利率；（10）债券总面额；（11）还本付息方式；（12）审批机构要求载明的其他事项。

我国《证券法》要求公司在公告的募集办法中如实反映有关内容，涉及财务状况的部分由审计或会计机构验证。证券公司承销证券，应当对公开发行募集文件的真实性、准确性、完整性进行核查；发现有虚假记载、误导性陈述或者重大遗漏的，不得进行销售活动；已经销售的，必须立即停止销售活动，并采取纠正措施。《企业债券管理条例》明确要求企业发行企业债券所筹资金应当按照审批机构批准的用途，用于本企业的生产经营。该条例特别限制企业不可以将所筹资金用于房地产买卖、股票买卖和期货交易等与本企业生产经营无关的风险性投资，要求证券经营机构在承销企业债券时，应当对发行企业的发行章程和其他有关文件的真实性、准确性、完整性进行核查。债券发行公司和企业如制作虚假的债券募集办法或发行章程，或其中有虚假记载的，应由国务院授权的部门或者国务院证券监督管理机构责令停止发行，退还所募资金及利息，并处以所募资金1%以上5%以下的罚款。其行为构成犯罪的，依法追究刑事责任。

由于公司债券的发行和持有必定会产生主体间的债权债务法律关系，因此债券发行公司或企业向社会公告公司债券募集办法或发行章程，在合同成立的阶段上被看作是要约行为。发行人自公布募集办法或发行章程后，得受要约发出人在契约法上所受的一般约束规则的约束。

（五）应募与记载

应募是指社会公众及其他企业按公司债券募集办法规

定的日期、地点、方式购买债券的行为。应募人一般应当填写应募申请单，确定应募的行为及金额。填写申请单的行为被认为是承诺，填写完毕申请单并签字后将其交付给发行公司的代理人表示发行公司与应募人之间在公司发行债券和认购债券的意思表示上已经达成一致，合同已经成立。依笔者之见解，债券发行的合同应当是诺成性借贷合同，应募人填写完应募申请单，在签字后交付给发行人的代理人（往往是银行的柜台），即应向指定的承销机构交付金钱，领取债券。应募人不得迟延或拒绝交付应募之金钱。

实践中如果应募人不履行金钱交付的义务，发行人有权催交甚至通过诉讼方式催交。发行人放弃催交权利的，只是发行人为自己利益考虑的选择，即没有必要为个别应募人的悔约行为而劳神累讼，毕竟理性的发行人理解诉讼的成本远大于胜诉的利益。发行人收到应募人交付的金钱，就必须向应募人交付债券，并承担到期还本付息的责任。至于债券因流动而改变持有人，这是债券作为证券资产的属性使然。即使从普通债权债务关系转移的法律理由上讲，也是明确和清楚的：即发行人在发行债券时，依据法律的制度设计承诺当债券持有人转移债券时，可以不必向发行人通知。债券的转移并没有实质性地增加发行人的义务，发行人当然不能以债券持有人的改变为理由谋求豁免自己按时还本付息的责任。对于记名债券来讲，发行章程或公司债券募集办法中已经就债券之转让提出特殊的要求，即债券的转让须经发行人或其代理人的认可，而应募人仍然应募视为接受这种条件，按合同规定的程序处理转让事宜当是有约在先。

《企业债券管理条例》还明确限制财政预算拨款、银行贷款、救灾款等资金不得用于购买企业债券，《公司法》虽然未明确作出要求，但根据我国国情理应受到同样的限制。

发行记名债券的，《公司法》第一百五十八条规定要求在公司债券存根簿上记载下列事项：(1) 债券持有人的姓名或者名称及住所；(2) 债券持有人取得债券的日期及债券的编号；(3) 债券总额，债券的票面金额、利率、还本付息的期限和方式；(4) 债券的发行日期。

我国《公司法》未明确要求在公司债券券面上是否记载持有人姓名或名称，这主要是考虑如果债券面额过小会导致填记姓名的困难和烦琐，但如发行的是记名债券，则必须在票面上标明“记名债券”字样，并留有持有人签名的空格，以便于背书转让。

发行无记名公司债券的，应当在公司债券存根簿上载明债券总额、利率、偿还期限和方式、发行日期及债券的编号。

债券存根簿在法律上有如此明确的要求，债券发行公司不可以对此存有疏忽之心态。存根簿的记载与应募人或受让人持有的债券券面上的记载及编号当属一致。千百年来传承的票根一致的商业账簿惯例所表彰的规则继续发挥其效用是有着非常合理的原因的，它有助于厘清债权债务关系，固定当事人和表彰各方的权利义务，便于解决纠纷。如果债券以电子化发行，发行公司应当制作完整的电子账目记录。此外，根据法律要求，记名公司债券的登记结算机构应当建立债券登记、存管、付息、兑付等相关制度。

七、公司债券可以转让吗?

公司债券是有价证券。在证券市场上流通是有价证券的一个基本特征，公司债券具有这种流通性。当然，这种流通是有法定条件和程序的，与货币的流通是不同的。我国《公司法》规定，公司债券可以转让，转让价格由转让人与受让人约定。公司债券在证券交易所上市交易的，按照交易所的规则转让。

从我国的现实状况来看，证券交易场所除上海、深圳两个证券交易所外，银行作为代理人一般可以处理债券的受托发行及代收资金事宜，对转让交易无法安排。实践中，无记名债券的转让都集中在证券交易所进行，买进、卖出的投资者首先应当在证券公司开设账户，并委托证券公司操盘交易。对于记名债券，由于发行时事实上是一种定向募集，或是所谓私募，基本债券的券面面额较大，背书转让不一定必须在证券交易场所进行，出让人通过背书的方式，将受让人的姓名和身份证号或者其名称记载于债券券面（背面转让记载栏内），并通知公司将受让人的姓名或者名称及住所记载于公司债券存根簿。记名债券的转让，如果没有背书记载和公司债券存根簿的记载，受让人不能仅以持有债券的事实对抗发行公司。

对于转让的价格，我国《公司法》规定由转让方与受让方协商确定。事实上，在证券交易场所发生的转让，其价格与市场行情、通货膨胀率的高低、人民币储蓄利率的调整、还本付息的期限以及企业的经营状况、是否为可转换债券等均有关联。大致上会因不同的债券有不同价格的局面出现，记名债券的转让才会形成价格的协商机制。

八、公司股票上市交易要满足什么条件?

对于上市公司，各国公司法、证券法均有较严格的条件限定。根据我国《证券法》第五十条的规定，股份有限公司申请股票上市，得符合下列条件：

（1）股票经国务院证券监督管理机构核准已公开发行；

（2）公司股本总额不少于人民币3000万元；

（3）公开发行的股份达到公司股份总数的25%以上；公司股本总额超过人民币4亿元的，公开发行股份的比例为10%以上；

（4）公司最近3年无重大违法行为，财务会计报告无虚假记载。证券交易所可以规定高于前款规定的上市条件，并报国务院证券监督管理机构批准。

由于在我国公司股份管理实践中，股份向社会公众募集后事实上也都要上市交易，故募股的条件与上市的条件基本上是一致的，不论是募集设立公司时发行股份，还是新增资本时发行股份。这种情况在境内上市外资股的发行中更是如此。在国务院《关于股份有限公司境内上市外资股的规定》中，所规定的境内发行外资股的条件也即为上市的条件。在我国公司治理进步的渐进发展进程中，我国证监会对股份公司的股票上市通过颁行行政规章的方式持续规范，其中某些内容也补充了或细化了公司股票上市的条件。证券交易所也对股票交易制定了一些章程性质的规则要求，上市公司得一并遵守。

我国上海证券交易所和深圳证券交易所隶属于中国证监会，凡经中国证监会核准公开发行的股票均可向证券交易所申请上市交易，交易所没有在《证券法》规定的上市公司条件之外另行规定实质性条件，只是对高管人员的管理、辅导及保荐人等增加了一些程序性的事务条件。

九、公司股票上市交易有什么程序?

股份有限公司经中国证券监督管理机构核准公开发行股票的，可按我国《证券法》规定的程序向证券交易所申请证券上市交易，证券交易所依法审核同意，并由双方签订上市协议，安排上市交易。

此外，我国《证券法》第四十九条规定，申请股票、可转换为股票的公司债券或者法律、行政法规规定实行保荐制度的其他证券上市交易，应当聘请具有保荐资格的机构担任保荐人。申请股票上市交易，应当向证券交易所报送下列文件：(1) 上市报告书；(2) 申请股票上市的股东大会决议；(3) 公司章程；(4) 公司营业执照；(5) 依法经会计师事务所审计的公司最近3年的财务会计报告；(6) 法律意见书和上市保荐书；(7) 最近一次的招股说明书；(8) 证券交易所上市规则规定的其他文件。

上述8项文件在交易所审核同意并由双方签署上市交

易协议后，得由公司按协议约定的时间期限进行公告，并将该文件置备于指定场所供公众查阅。应当同时公告的其他文件还有：（1）股票获准在证券交易所交易的日期；（2）持有公司股份最多的前10名股东的名单和持股数额；（3）公司的实际控制人；（4）董事、监事、高级管理人员的姓名及其持有本公司股票和债券的情况。

公司公告股票上市报告后，如无重大变故因素的干扰，应即依上市协议的约定，缴纳上市费，进行股票挂牌上市交易。此外，上市公司还必须与证券登记结算公司签署股票保管并提供登记结算服务的协议。

第九章　公司财务制度

一、公司财务会计报告包括哪些内容？

公司的财务会计报告是根据日常会计核算和记账的资料（包括各种凭证、单据）、账簿记载，按照规定的格式、内容和方法而编制的。财务会计报告中会计报表的制作格式和方法均应符合法律、行政法规和财政部门规定的规则和式样。制作会计报表的工作应当由公司的财务部门和财会人员负责完成，并且要由主管会计工作的负责人或会计人员签字。

公司的财务会计人员虽然也是公司的雇员，但由于他们所从事的工作的性质不同，因而在法律上享有一定的权利并独立于公司领导人而承担一定的责任。法律对他们依法开展工作给予保护，同时也要求财务会计报告中不得作任何虚假、不实的记载，否则制作财务会计报告的财务会计人员会受到行政处罚，构成犯罪的，依法受刑事制裁，即使是在制作虚假财务会计报告时受公司领导指示也不能例外。

按照《企业会计准则》的规定，企业的财务会计报告由会计报表和财务情况说明书两部分组成。会计报表是一种表格化的会计情报，它是企业财务报告的主体，主要包括资产负债表、损益表、现金流量表及其附属明细表。财务情况说明书是对企业在一定时期的经营情况进行分析总结的文字阐释，它以会计报表为基础，对会计报表的重点内容给予解读，使报表的使用者能够借助它而理解报表。财务情况说明书主要应说明的事项有：(1) 企业的生产经营状况，利润的实现和分配，现金流量的增加、减少以及分布情况和原因，税金缴纳情况，资产变动情况；(2) 对本期和下期企业财务状况产生重大影响的事项；(3) 资产负债表制作完成后至正式公布期间，发生的对企业财务状况产生重大影响的事项；(4) 其他需要说明的重大事项。

另外，企业对外提供的财务会计报告以经营活动经历的期限为标准，分为月度财务会计报告、季度财务会计报告、半年度财务会计报告和年度财务会计报告四种。月度财务会计报告和季度财务会计报告通常仅指会计报表，至少应当包括资产负债表和利润表。这两类报表主要是企业向财政税务机关提交，内容简单，意义不是十分重要。半年度财务会计报告，俗称半年报，在上市公司中称为中期报告，是公司在每一会计年度的前6个月结束时就该期公司的财务状况和经营成果对外提供的财务会计报告。半年度财务会计报告应当包括资产负债表、利润表、现金流量表及相关附表、会计报表附注和财务情况说明书。如果公司不进行半年期利润分配，半年度财务会计报告也不必要注册会计师审计。年度财务会计报告是企业最重要的会计报告，是公司或企业在一个会计年度终了后对外提供的财务信息文件。年度财务报告的报表种类齐全，揭示的信息完整，要求准确、真实、全面地反映公司在上一年度的经营成果。对上市公司来讲，年度财务会计报告也叫年报，是上市公司披露信息的最重要的途径。上市公司的年度财务会计报告还应当附加董事会的报告和监事会的报告。我国《公司法》规定，公司应当在每一会计年度终了时制作财务会计报告，并依法经会计师事务所审计。

二、公司公积金从哪儿来？有什么作用？有哪些类别？

公积金，也称为储备金，是指公司为了巩固资本基础，维护公司信用，适应扩大生产规模和经营范围的要求，弥补可能发生的意外亏损，按照公司法和公司章程的规定，从公司税后利润中提取的不作为股利分配的积累资金。

公积金的提取是法律对公司规定的强制性义务，不能由公司自行决定取舍，世界各国公司法均无例外地规定了公积金制度。公积金最早是1867年法国公司法规定的。公积金虽然不属于公司资本，但其功能与公司资本相类似，本质上仍属于股东权益，是股东未分配的利润的积累。公积金与公司资本同列于资产负债表的负债及所有者权益栏内，附于公司资本总额之后，故又称为附加资本。

公积金的提取对于公司的存在和发展是至关重要的，其作用表现在以下几方面：

第一，公司拥有财产的多少往往决定公司在市场经济发展中的地位，而财产不能仅靠股东的投资来积累。从公司所创造的利润中提取部分资金不作分配，就可以扩大公司资产拥有量，增强公司的经济实力和竞争能力。

第二，公司生产经营规模的扩大，必然使公司资本增加，从公司的公积金中补充公司资本，比发行新股扩展资本更快捷便利且省费用，也更符合公司原股东的利益要求。

第三，公司提取充裕的公积金，就增加了公司的商业信誉，对债权人及客户利益更有保障。

第四，当公司发生亏损时，可以用公积金弥补亏损，增强公司抗击各种商业风险的能力，使公司保持原有的生产经营水平。

第五，在特殊情况下，还可以用来分配股息和红利，维护公司的股票市值和商誉。

公积金的分类在各国公司法中有不同，依我国《公司法》的规定，公积金主要分为盈余公积金和资本公积金两大类。盈余公积金是指公司在会计年度决算时从税后净利润中按一定比例提取的公积金。盈余公积金又依公司法的强制性要求和公司自行决定的不同分为法定公积金和任意公积金。资本公积金是由法律规定的来源于资本收益及其他与资本有关的收益的资本积累或资本储备。

法定公积金是指公司依公司法的强制性规定而必须从公司当年净利润中按比例提取的储备金。法定公积金提留的必然性、提留的比例都由公司法加以规定，公司不得以公司章程或股东大会决议变更或违反，故而也称为“强制公积金”。

法定公积金的提留比例各国公司法规定不同，法国《商事公司法》第三百四十五条规定：“在有限责任公司和股份公司中，应在必要时，‘减去’以前亏损的‘会计年度的利润’，至少提留20%转为储备金，称作‘法定储备金’。任何相反的决议无效。当储备金达到公司资本的10%时，此项提留不再是强制性的。”德国《股份公司法》第一百五十条规定，公司“应将减去上一年度亏损结转账目后的年度盈余的1/20划入储备金中，直到法定储备金和资本储备金总计达到基本资本的1/10，或者章程所规定的更高数额”。我国《公司法》第一百六十七条规定，公司分配当年税后利润时，应当提取利润的10%列入法定公积金。公司法定公积金累计额为公司注册资本的50%以上的，可以不再提取。

公司的法定公积金按规定只能用于弥补公司亏损和转增公司资本，扩大生产经营规模，以及摊销公司设立费用、发行股票、公司债券的费用和法律规定的其他费用。我国《公司法》规定，公司的法定公积金不足以弥补上一年度亏损的，在提取法定公积金之前，应当先用当年利润弥补亏损。法定公积金经公司股东会、股东大会决议转为资本时，所留存的该项公积金不得少于转增前公司注册资本的25%。

任意公积金也称为任意储备金，是指根据公司章程规定或者公司股东会、股东大会决议于法定公积金提取后从公司当年税后利润中再行提取的积累资金。任意公积金也来源于公司的税后盈余，故属于盈余公积金的范围。之所以称为任意公积金，是因为它的提取不取决于法律的强制性规定，只根据公司章程的规定或股东会、股东大会的决议。任意公积金的提取往往具有明确的目的性。如以偿还公司债为目的而提取、以平衡历年盈余分配为目的而提取、以增加公司资本而提取、以准备公司应急之需而提取、以弥补亏损为目的而提取以及为特定的生产项目的起动和发展而提取等。我国《公司法》对公司任意公积金的提取采取了授权方式，即规定公司在提取法定公积金后，由股东会、股东大会决议提取任意公积金。据此，任意公积金的提取数额与使用方向皆由公司决定。但任意公积金作为公积金的一种，其使用范围应局限于弥补公司亏损、扩大公司生产经营或转为增加公司资本等方面。

三、资本公积金的来源有哪些？资本公积金可以用来弥补公司亏损吗？

资本公积金也称为资本储备金，是指因法律规定由资本及与资本有关的资产项目所产生的应作为资本储备的利益收入。资本公积金的来源通常有：（1）超过股票票面金额发行股份所得的溢价款；（2）资产评估时，从资产估价的增值中扣除估价减值的溢价额；（3）处分资产的溢价收入；（4）因合并其他企业，继受之财产减去被合并企业的债务，并减除向该企业股东给付额的余额；（5）受领赠与所得。

资本公积金的收入是以收入的性质和来源确定的，它是一种资本的衍生利益而非公司的营业收入。凡属前述项下的收入均得列入资本公积金，法律上不存在比例或最高限额。由于资本本身是股东利益的体现，因而资本公积金也是股东利益的延伸，在公司存续期间，作为资本公积金的利益不能用于股利分配，属于专项资金。按照我国台湾地区《公司法》第二百三十九条的规定："法定盈余公积及资本公积除填补公司亏损外不得使用之，但第二百四十一条规定之情形，或法律另有规定者，不在此限。公司非于盈余公积金填补资本亏损，仍有不足时，不得以资本公积补充之。"该法第二百四十一条是关于公司无亏损时可用法定盈余公积和资本公积之全部或一部拨充资本，按股东原有股份之比例发给新股的规定。我国1993年《公司法》第一百七十八条规定："股份有限公司依照本法规定，以超过股票票面金额的发行价格发行股份所得的溢价款以及国务院财政主管部门规定列入资本公积金的其他收入，应当列为公司资本公积金。"第一百七十九条规定："公司的公积金用于弥补公司的亏损，扩大公司生产经营或者转为增加公司资本。……"上述规定本来没有太大的问题，但是我国社会的诚信环境实在太差了，许多上市公司为了欺骗公众和社会以及政府，获得虚假的盈利业绩记录，在公司经营情况十分糟糕的情况下，以流通股股东溢价交付给公司的资本公积金来弥补亏损，把公司亏损的事实掩盖起来。2005年修订的《公司法》基本保留了原《公司法》第一百七十八条规定的内容，改为第一百六十九条，且从文字规范角度出发，去掉了"财政主管部门"中的"主管"二字；最重要的修改是明确规定"资本公积金不得用于弥补公司的亏损"。

四、公司的哪些利润是可以分配的？应遵循什么原则？如何进行分配？

股利，是股息和红利的合称，是股东依据所持股份从公司的年度利润中分配所得的收入。

股息，是指在资本上计算的利息。公司可在公司章程或股东会、股东大会决议后按规定的期限和规定的比例向股东支付股息，也可以在股票上载明股息的利率，这一般是在优先股上作出规定。当然，支付股息的资金来源仍是公司的利润，如果公司亏损，原则上不能进行分配。红利，是指股息之外分配给股东的公司盈余。红利的分配数额或比例不确定，要根据公司年终决算的情况决定，税后盈余多，则可多分；盈余少，则少分。

实践中，一些公司往往将股息界定为对优先股的分配方式，即有事先确定的比例，分配时也不倾向于超出比例进行，但比普通股有优先权；将红利界定为普通股的分配方式，虽然是在优先股股息分配之后，但可以多分，并不封顶，如果没有盈余则不分或少分。我国法律及会计制度对股息、红利未作区别，统称为股利，是指可分配给股东的一切公司盈余。

公司分配股利，应遵循下列原则：

第一，纳税优先原则。公司的年终决算，其收入总额应首先向国家缴纳所得税（事实上所得税按月或按季预交），在完税前公司不得向股东派发股利，完税后的利润才是公司的净利润，而股利分配是在公司净利润中进行的。

第二，弥补亏损、提取公积金优先的原则。我国《公司法》同许多国家公司法一样，强制性要求公司应当从税后净利润中提取10%的部分补充公积金，在公司法定公积金的积累额达到公司注册资本的50%时可不再提取（我国台湾地区《公司法》第二百三十七条规定为100%的标准）。公司的公积金不足以弥补上一年度公司亏损的，在提取法定公积金之前，应当先用当年利润弥补亏损。公司违反上述规定，在公司弥补亏损、提取法定公积金之前向股东分配利润的，股东必须将违反规定分配的利润退还公司。

第三，公司亏损时不分配股利的原则。公司如果当年亏损，则不应当分配股利。但公司已用公积金弥补亏损后，为维护其股票信誉，经股东大会决议，股份有限公司可以将公积金转为股本，以按股东持股比例派送新股或者增加每股面值。以法定公积金转增资本分配股利时，留存的该项公积金不得少于注册资本的25%。

第四，实现同股同利的原则。同股同权与同股同利是股东权平等原则的具体体现。股东权的平等不仅体现在共益权，即公司事务管理权方面，也体现在自益权，即股利分配方面。同股同利，是指持有同一种股份的股东依同样的标准参与利益分配，持股多的多分，持股少的少分，不存在其他差别。在2005年《公司法》修订中，“同股同权、同股同利”被一句更加规范的语言替代，即“同种类的每一股份应当具有同等权利”。

公司股利的分配，有限责任公司除章程另有规定外，按股东出资的比例进行分配；股份有限公司按照股东持有的股份比例进行分配，但股份有限公司章程规定不按持股比例分配的除外。分配的时间，一般是在营业年度决算后，股东会或者股东大会对分配方案决议通过，即可进行分配。有些国家的公司法规定除年终分配外，还规定有中间分配，但同时规定有种种限制性条款。股利的具体分配形式有以下方面：

一是现金股利。是公司在年终决算后向股东派发的货币利润额，是最普通的股利分配形式。

二是财产股利。是公司向股东以持有的有价证券或实物支付的利润额。有价证券主要有股票、债券、应付票据等。实物股利则是公司以自己的产品或公司合法占有的其他企业的对股东有使用价值的产品。

三是股票股利。是公司用增发本公司股票的方式代替现金向股东派发股利。换句话讲，公司以股份分配股息及红利，即将股息和红利转为公司的资本，对原股东应交付股票，此种分配又简称为“送股”。实践中，一些股份公司往往把送股与配售新股联系在一起，作为一种融资活动利用。

四是建业股息。又称为建设股息、建设利息、筹建股息，是指某些股份有限公司开业前需进行较长时间的基本建设等筹建业务，在此期间公司并未有利润产生，为维护股东利益，于章程中订明并报政府主管机关批准，用已筹的资本及贷款中抽出少量部分作为股息分配给股东。建业股息的派发直到公司正式营业后停止。我国《公司法》对建业股息未作规定。红利是指公司从纯利润中分配给股东的报酬，分配红利权是股东各项权利的核心。公司利润在弥补亏损并依法提取公积金后，应依照一定比例分配给各股东。这一决定一般以董事会决议的形式作出，但是，董事会只有决定分配与否以及拿出多少利润用作红利分配的权力，并不能决定如何在股东间进行分配，以及红利分配的比例。

《公司法》第三十五条规定，股东按照实缴出资的比例分取红利。公司新增资本时，股东有权优先按照实缴的出资比例认缴出资。但是，全体股东约定不按照出资比例分取红利或者不按照出资比例优先认缴出资的除外。《公司法》允许股东在先行缴付 20% 的资本时就可以成立公司，因此也同时规定，在全部资本缴付完毕前，有限责任公司股东分派红利按照实际缴纳出资的比例进行。

五、违法进行利润分配需要承担什么后果?

一般来讲，有限责任公司和股份有限公司违法分配利润的行为是无效的，这是因为《公司法》中对股利分配的条件、标准、原则的规定均是强制性规定，公司违法分配股利必然与这种强制性规范相冲突。同时，违法分配股利往往会损害公司债权人的利益，公司债权人在其债权利益的实现无保障的情况下可以通过诉讼途径确认分配的无效性，请求法院责令追回已分配的财产或停止违法分配行为。

违法分配股利，有形式要件上的违法与实质要件上的违法的区别。如果在具体分配的手续上有瑕疵，可以通过股东大会之决议变更，如公司不实行同股同利，则可由股东向公司监事会、公司主管机关提出控诉，也可由股东、监事会向法院提出以公司为被告的诉讼解决，这是形式要件方面违法分配股利的解决方式；如果公司违反《公司法》第一百六十七条的规定，在未弥补亏损和提取法定公积金之前向股东分配利润的，则属实质要件上的违法分配，是严重的违法行为，公司的监事会、债权人均可提出诉讼，以追回已分配的利润。

公司的董事因过失将违法分配方案提交股东会、股东大会讨论，对其分配的利益负向公司返还的责任，或虽无过失也要负返还责任。对第三人或公司造成损害的，要负赔偿责任，但无过失的董事则不负赔偿责任，即在公司董事会讨论违法分配方案时明确持反对意见且有记载的或有合理原因未参加讨论的董事，不负赔偿责任。

公司的监事未查出问题，向股东会、股东大会作了分配方案合法的报告，不仅要负返还利润的责任，还要负对公司、第三人造成损害的赔偿责任。

第十章　公司的变动和交易（M&A）

一、债权人有权阻止公司合并、分立吗？

A、B两公司是某市两家效益很好的家具企业，为集合各自优势，打造龙头企业，在市政府的牵头下，经过各自股东会的表决，准备合并。作出决议之后，两家公司各自给自己的债权人寄发了合并通知，一些债权人向公司提出了担保的请求。正当一切都进行顺利的时候，A公司的一个木材供应商C公司向其提出要求，让A公司用一间评估价格为150万元的厂房为其100万元的债权作担保。A公司的负责人跟C公司沟通了几次，C公司都不同意，认为A、B公司合并前景堪忧，而且B公司也欠了很多外债，担心日后自己的债权得不到清偿。因此坚持要跟A公司签订担保协议，否则就不同意A、B两公司合并。债权人C有权阻止公司合并吗？如果情况相反呢，如果是A公司分立为X、Y两家公司，作为A公司的债权人，其有权阻止A公司分立吗？

公司合并与分立将会导致公司资产结构发生变化，必然会影响到债权人的利益，这也是法律专门对债权人保护作出规定的原因。债权人对公司的合并与分立有提出意见或者进行限制的余地，但是这种限制究竟到什么程度？债权人可以阻止公司合并与分立吗？还是仅仅只能针对可能影响自己债权的部分请求公司给予担保？

对于公司合并而言，法律规定的程序是公司必须在30日之内公告一次，债权人在获知公司将要进行合并时，可以行使提前清偿权或者要求提供相应的担保，这一请求权的期限为公告后的45天。本案中A、B两家公司按照法律规定实行了公告程序，如果债权人与公司关于清偿或者提供担保的意见不一致，新旧《公司法》对此有不同的回答。依据旧法，如果出现了本案中的情况，公司不清偿债务也不提供相应担保的，公司便不能合并。也就是说，公司必须在合并登记前与所有提出请求的债权人达成一致，否则公司合并就不能继续进行下去。C公司依据的也就是这个规定。但《公司法》修改后，删除了这一条款，换句话说，债权人提出请求之后，是否与公司达成了一致意见，不会阻碍到公司合并程序的顺利进行，案例中要合并的两家公司完全可以不理会C公司的威胁，按照自己的既定程序来合并。

不过，如果出现要合并的公司因为债权人无法阻碍合并进程，就蛮横拒绝了债权人清偿或提供担保的要求，那时债权人的利益保护就成了一个问题。在这种情况下，有争议的任何一方都可以向法院提起诉讼，通过法院的判决来解决争议。这也是法律上任何权利得到救济的最终途径。

比较修改前的条文而言，债权人的权利确实遭到了削弱，但这并不是对债权人保护的弱化，而是先前对债权人的保护有点过度并忽略了公司的正当利益之故。第一，公司作为一个法人拥有对其所有资产的所有权，拥有对其财产的处分权，公司合并时公司的正常经营的一个组成部分，只要履行了保护程序，债权人的因素不应当影响公司的经营决策进程。第二，先前的规定给像C公司一样滥权的债权人创造了漫天要价的条件，公司合并的顺利进行对合并后公司业务的正常发展至关重要，依据先前《公司法》的规定，正常的合并至少也需要在决议后90天才能进行。加上出现债权人滥权，无法达成一致，那么合并的时间更会遥遥无期。但根据新《公司法》，公司作出决议履行通知和公告义务之后，就可以继续合并进程了，在很大程度上提高了合并的效率。第三，任何权利都有其实现的不确定性，债权人的请求权也是一样，但债权人有司法救济的途径可以解决，就没有必要给予更多额外的保护，尤其是在额外的保护是以牺牲合并公司的时间利益为代价的情况下。第四，任何一个期待更好发展的公司合并计划，需要在社会上树立良好的信誉，不会草率地拒绝债权人的合理请求。公司合并也是为了公司更好地发展，如果合并能够顺利进行，从另一个角度考虑事实上也是对债权人有利的，不然公司进入停顿，债权人的债权只会更加难以保障。新《公司法》从合并效率的角度出发，在不损害债权人合法利益的前提下适当减轻了作为债务人的公司的负担，是有利于债权人和债务人双方的利益的。

但是公司分立不同，由于分立会造成作为债权人一般担保的公司法人财产的分割，对债权人利益潜在危险更大，法律赋予了债权人更大的权力。按照我国《公司法》的规定，公司的债权人有权阻止公司的分立活动，也就是说公司未经债权人同意的情况下不得分立，否则分立行为无效。债权人在收到通知后30日内，或未接到通知的债权人在公告日起算的45日内，即与公司开始谈判，要求履行债务或要求对债务的履行提供担保。

（1）债务人公司立即清偿了债务或债务之大部；

（2）债务人公司提供了担保，债权人接受了此项担保；

（3）债权人认为其债权的实现不受公司分立的影响，同意了债务人公司分立后的债务偿还安排。

发生上述三种情况中的任意一种，意味着公司的分立已通过了债权人许可的必经程序，债权未能清偿的债权人同意公司分立应当以明确的书面意见表示。

在上述法定期间内，债权人如不能确认公司分立的行为，即可向公司及公司登记机关明确表示反对分立行为的意见，也可向法院起诉要求债务人公司立即偿还债务或申请确认分立无效，从而使其债权的实现得到保障。在法定期限内未向公司表达其是否同意分立意见的债权人，经债务人公司合法通知未及时表达意见的债权人，如同破产程序中未及时申请债权的劣后债权人一样，其权利的行使要受到一定的限制，其反对分立的意见并不能发生效力。这类债权人虽不能在程序上反对公司分立的行为，但并不意味着他们的实体权利不存在或被减损。这种情况下法院对纠纷的处理应依据事实和公平原则处理：

一是债务人公司明知某一债权人的存在而不发通知，

具有商业欺诈的故意，法院可否定债务人公司的偿债安排，确认分立后的各公司对此债务的偿还承担连带责任。

二是在法定期间，由于债权人自身的过失未能向债务人公司表达其对公司分立的意见，分立行为应确认有效，债务人公司对债权人之债务偿还安排如无明显损害之虞，则也应确认其效力；如明显不公，法院可重新调整其债务偿还方案，或责令分立后的公司对债务承担连带偿还责任。

二、公司分立后，原公司债务如何承担？债权如何分配？

A 公司是一家从事瓷砖生产、销售的中型有限责任公司。该公司成立于 2003 年，拥有某新材料瓷砖的发明专利。然而，随着科学技术的发展，更先进的瓷砖材料开始在行业中出现，并且对该公司的生产经营产生了冲击，到了 2008 年该公司出现了亏损，负债累累。2008 年 8 月 15 日，经过 A 公司董事会提议，公司股东为了解决公司严重的亏损问题，决定将公司分立为 B、C 两个公司，同时批准了公司董事会提出的分立协议。该分立协议规定：

（1）公司现有的房产、土地、设备等财产在市区部分以及经济开发区部分归 B 公司继受，其他位于郊区的一片老厂房和老旧设备等财产归 C 公司继受；

（2）公司现有的某新材料瓷砖的专利归 B 公司继受，但 B 公司应当免费许可 C 公司使用；

（3）公司现有债权由分立后的两公司各继受一半，而公司现有债务则全部由 C 公司承担。

该公司股东会作出决议后，于2008年8月18日分别书面通知了D公司等几家债权人，于2008年8月20日在当地报纸上对公司分立事项进行了一次公告。2008年9月18日，A公司见债权人对分立都没有异议，于是便向工商部门办理了注销登记，同时B、C两公司办理了设立登记。2008年10月25日，D公司向C公司要求偿还原公司所欠的300万元材料款时才发现C公司的资产不足以偿还这一债务。于是D公司转而要求继承了A公司大量财产的B公司偿还上述债务，而B公司则拿出分立协议予以拒绝，在协商得不到解决的情况下，D公司向当地人民法院提起了诉讼。

公司具有独立的法人财产权和有限责任的基本属性，公司分立将导致公司法人人格的变化以及公司用以偿还对外债务的财产的分离，因此，法律一般会置备特别的程序或者要求对公司分立中原公司债务负担进行安排，以保护债权人的利益。

根据《公司法》第一百七十七条的规定，公司分立前的债务由分立后的公司承担连带责任，但是，公司在分立前与债权人就债务清偿达成的书面协议另有约定的除外。这一规定首次明确了分立后公司对原公司债务承担上的连带关系，彻底堵死了借公司分立之名，剥离不良资产之实，最终损害债权人利益的行为。

虽然公司分立是公司自主决定的单方法律行为，但在公司内部一般仍然需要订立相应的协议以明确分立时人和财产的分割比例和方式，明确分离后各公司之间的权利义务关系。分立协议的内容主要可以包括：（1）分离后各公司资本金的确定；（2）股权的安排；（3）债权、债务的处理，剩余债务的分担；（4）新设公司的住所；（5）进行分立的具体时间，等等。

该协议在分立后的各方主体之间具有相应的法律效力，得以约束各方的行为，但是不能以此对抗债权人等第三人。无论分立协议中是否对分立前公司的债务的分担问题可以作出约定，分立后的公司均对分立前公司所负的债务承担连带责任。债权人可以任意选择其中一个公司要求其清偿全部债务，该公司不得拒绝。这一规定有效地保护了债权人的利益，防止了分立后公司在债务承担问题上相互推诿、“踢皮球”或是以原公司不存在为由拒不偿还分立前公司债务的现象。在该公司清偿完成所有债务后，对于超出分立协议中所约定的其应该偿还的部分，则可以以分立协议为依据向其他公司进行追偿。

不过，债权人与原公司在分立时就债务分担达成协议的，可以排除上述分立后公司的连带责任。这是合同具有相对性，分立后的公司之间的协议是内部协议，不能对抗第三人，当然不能对债权人生效；但是如果债权人直接与分立后的公司各方协议约定由哪一个公司单独承担债务，或者该债务由几个公司按比例分担，就能够约束债权人了。

本案中，A公司明显是以分立为名，把亏损的业务与资产都剥离到C公司，但是，这一如意算盘落空了。根据上面的分析可以看出，这一协议仅仅只能调整B、C两公司内部关系，对外，B、C两公司仍然要对A公司的债务承担连带责任，如果债权人D公司要求B公司清偿债务，B公司不得拒绝，只能在履行了义务之后，根据分立协议，向C公司请求全部返还。

至于债权的分配问题，则简单得多了。公司分立时，公司的债务人因欠公司的钱物，负有给付义务，或已到期尚未履行完毕，或尚未到履行期间，或为分期履行但延时较长，在公司分立完成时无法履行完毕。未到期之债务，处于分立程序中的公司不得以到期债务论。由于债务履行的接受方的变更没有对债务人增加新的义务或风险，故只要债权人同意即可实现债权债务关系之转化。这即是说，债权人公司在分立时，就某一债权的受偿在未来分立后的公司间作出分配，并由债权人公司书面告知债务人，即可以实现转移，债务人不具有非经其同意不得变更债权人的抗辩权，任何状态下的诉讼均得为债务人败诉，除非债权人公司与债务人互负义务而未得公平实现，或者分立后的公司在法定的诉讼时效内未曾主张债权。

三、公司收购与公司合并有什么区别?

学理上一般将合并理解为两个或两个以上的公司联合组成一个新公司；而收购为一公司用取得股份的方法及企业资产整体购买的方法接管一个或一个以上的公司的控制权，为相反行为的公司的活动则称为重组。

一般来讲，合并会导致至少一个原有公司的消亡，而公司收购则不尽然。收购可能导致被购公司并入收购公司，也可能是不并入，收购公司只取得被购公司的控制权，使其成为子公司。如德国《股份公司法》第三百四十六条第三款规定：合并一经在接收公司所在地的商业登记簿中登记注册，转让公司就不再存在（吸收合并）。该法第三百五十三条第六款规定：新设公司一经登记注册，要联合的公司就不再存在。无须对要联合的公司进行特别清算。从登记注册之日起，要联合的公司的股东就成为新公司的股东（新设合并）。

从实践的情况来看，公司收购基本上可以分为公开收购与协议收购两大类。公开收购是指在证券市场上购买目标公司股份以达到控股之地位，此种行为要受证券法之规制，其后果并不导致目标公司的必然并入，除非母公司与子公司的股东会通过了合并之决议。协议收购包括公司的整体收购、经营性财产的收购、营业权益的收购及参股收购。公司的收购是公司集合财产整体的出让，被收购公司可以并入收购公司，也可以不并入而成为收购公司的子公司或被控制公司。财产的收购与营业的收购一般是对经营资产或某种商业经营权益的购买，往往只是收购公司资本和经营规模的扩大而非合并，因为被收购的对象并非是公司法人企业本身。参股收购是购买收购对象的一定的股份，并不改变目标公司的实体地位，收购后成为合股公司或合营公司。

我国《公司法》对合并作了极原则的规定，而对收购则未作规定，对上市公司的公开收购（即在证券市场上的集中竞价收购）和协议收购由《证券法》、中国证监会发布的行政规章予以调整；不上市的股份公司、有限公司的收购只能是协议收购，虽然它们的股份有时也会在特定的场合被公开拍卖以发现出价更高的收购者，原则上由《公司法》所规定的股份转让制度和国务院有关部委发布的行政规章实施调控。

综上所述，公司的合并是指某一公司将其他的公司通过股票交换或企业整体的买入等方式并入本公司，该某一公司续存而其他被并入的公司归于解散，或由两个以上的公司签署协议参加设立一新公司，新公司成立而各参加公司因加入而解散的行为。公司的收购是指某一公司通过证券市场购入另一公司发行的股票达到控股地位，使该另一公司成为被控股公司或子公司，或通过与另一公司的股东会或股东签署协议将该另一公司整体购入、部分参股收购、部分经营性财产收购及某些营业性权益购入的行为，其中整体收购可以同时为合并，也可以是不改变公司实体，只使其成为被控股公司或子公司的行为。

公司收购与公司合并的三个重要的区别是：

第一，公司收购对于收购方来讲，一般只取得目标公司的达到支配程度的股份，或者虽然取得目标公司的部分经营性资产及营业权益的所有权，而不能必然导致目标公司的解散，除非在收购的同时将目标公司予以吸收合并。

第二，一般情况下，公司收购的法律关系发生在收购方与目标公司的股东之间，除非目标公司的股东会、股东等公司所有者通过决议或章程之规定授权董事会出售公司整体、经营性资产及营业权益；上市公司由于公司股东分散持有公司股份，董事会负有管理股东整体利益使其最大化的职责，收购发生前或者收购进行中收购方必须和目标公司董事会进行接触甚至直接谈判。

第三，由于收购不改变目标公司的实体法律地位，或者收购了某些经营性资产及营业权益，收购方并不直接承担目标公司的债务，除非在收购的同时将目标公司予以吸收合并，或者在收购经营性资产及营业权益的合同中有明确的约定并得到目标公司债权人之同意。

四、公司收购会产生什么法律效果？

从公司收购的内容看，有股份的收购（包括整体收购、参股收购）、经营性资产的收购及营业性权益的收购，不同的收购内容会带来不同的法律效力，具体分析如下：

（一）股份收购

收购公司通过公开方式或协议方式取得了目标公司一定比例的股份，就可以实现对目标公司的控制。至于比例是多少，实际上取决于目标公司股份的分散程度，如果目标公司是上市公司，一般持有其发行在外的股份总数的15%即可达到控股地位。对于有限公司和股东人数较少的且股票不上市的股份公司来讲，可能形成合资的企业，或将全部股份收购后变为全资子公司。在实施收购时如不同时实施合并行为，则目标公司不改变其独立主体资格，其法律上的地位不变，股东责任也不会变化。收购公司可依据控股权调整目标公司的经营方向、董事会组成人员等。

（二）经营性资产的收购

经营性资产的收购只能通过协议方式完成，在收购公司同目标公司的董事会（须经股东会授权）、股东会形成收购部分或全部资产的协议时，对于目标公司来讲，其转让的标的是资产而非企业，目标公司的独立存在是毫无疑问的，只是其资产的存在方式由实务形态变为货币形态，收购公司不必承担原目标公司的债务，也不享有原目标公司的债权。目标公司股东会决定将公司的部分或全部资产卖掉，公司的资产在法律上并未受损，出售公司资产的行为并不能使股东直接受益，除非解散公司，股东不可以分配。事实上股东个人只能有权出售股份，而股东会作为公司的权力机关才可以出售资产。

（三）营业性权益的收购

收购公司经过谈判、协商，买得目标公司的某些营业性权益，此种交易行为类似于财产的收购交易，并不导致收购公司为目标公司承担债务责任，收购公司一般仍然独立存在，其债权、债务关系不因某部分营业性权益的转让而发生转移。如某航空公司将其某一航线上的运输权转让给另一个航空公司，另一个航空公司在收购了某一航线的运输权益时并不承担出让公司的债权债务。

五、公司解散有哪些原因？

企业解散（dissolution），是指企业作为一个组织实体因某种原因而归于消灭的一种事实状态和法律程序。当企业进入解散阶段时，如果是公司企业的，其法人资格并未消灭，可以被视为为进行清算而存在的公司。这是因为在法律上将解散规定为企业最终消灭的一个步骤，解散不能在广义上被理解成包括清算及注销登记程序在内的一个总体概括性概念的含义，解散仅仅是对企业的生存有决定权的机关或人们作出的一个关于永久性停止企业经营业务的决定以及该决定实施的过程。如同企业的成立需要以完成开业登记并领取营业执照来表现，企业的彻底消亡也须以完成注销登记并缴销营业执照为前提。企业解散是企业最终消亡的必要步骤。企业解散的特征大体上可从以下方面把握：

第一，企业解散是企业将要永久性停止存在的前置事实状态。企业作为人类社会进行商业运作的一种载体，产生于人们的设立行为，消亡于解散。当企业因各种原因而被决定解散时，企业即进入了最终目标为消亡的事实状态及法律状态。此时，企业虽然仍存在，但其业务活动已被大大地局限在债权、债务的处理及资产处理方面，法律往往限制此时的企业再进行新的商业活动。

第二，企业在解散之决议形成后，因未履行登记注销程序，故企业在法律上并未归于消灭。这时的企业要组织进行清算活动，也可因维持公司的存在而进行必要的支付，或因特别需要继续履行在企业决定解散前已签订的某些合同，但企业不可以进行不公正的债务清偿活动，导致企业的财产不正常减少，从而对其他债权人实现其利益形成威胁。公司企业因股东仅以投资额对企业债务承担责任，进入解散状态的企业如对某些债权人进行优惠性清偿，势必对其他债权人造成不公平对待，因此限制很严格。在公司解散而清算过程中，发现公司资产不足以抵偿债务，则公司的清算要停止，转而开始申请破产，依破产法处理企业未了结之债权债务。

第三，企业形成解散之决议后，除非两种特别情况，企业必依法进入清算阶段。此两种情况如下：一是企业被其他企业吸收合并，企业虽然马上将要消亡，但此时主动实施合并的企业要在整体上接受被合并的企业的财产及债权债务，故可不必经过清算程序；二是企业又形成了不解散或撤销解散决议的决议。

成立企业，一般是投资者从事商业经营活动并谋求利润所致，而企业解散的原因则相对复杂，不仅仅是投资者放弃前述目标，也有投资者以外的其他因素使然。企业解散，其原因通常在企业法律法规中加以规定，我国《公司法》第一百八十一条、第一百八十三条规定了公司解散的事由，结合其他法律的相关规定，公司解散的理由应为以下方面：

第一，公司企业章程规定的营业期限届满，公司股东会或股东大会未形成延长营业期限的决议。

第二，公司章程规定的其他解散事由出现，如公司设立的目的已经实现或根本不能实现。

第三，公司的股东会或者股东大会决议解散。其中，一人公司由一人股东作出决定；国有独资公司由国务院或者地方人民政府授权的国有资产监督管理机构决定，重要的国有独资公司的解散事宜，由国有资产监督管理机构审核后报同级人民政府批准；外商投资企业也因不设股东会，其董事会代行股东会权力，故董事会决议解散，董事会不能形成决议时由合资合作一方向政府机关提出解散之申请，由受理机关协调处理；集体所有制企业解散的决议由职工代表大会通过。

第四，因公司合并或者分立需要解散。

第五，依法被吊销营业执照、责令关闭或者被撤销。

第六，司法解散。

上述关于公司解散的原因中，其中第六种“司法解散”是2005年《公司法》修订时补充的规定。公司司法解散的原理为：当公司在股东之间形成较大的分歧意见，从而导致公司管理层运作困境，在学理上称为“公司僵局”，公司继续存续会使股东利益遭受更大损失，通过别的法律救济方式又不能弥合股东冲突或者无法获取解决路径的，为保护处于弱势地位的股东的权益，准许持有10%以上股份的股东向法院提出请求解散公司。公司因股东合意而成立，但是利益总是会破坏股东们的亲善关系的，公司章程的规则不完善，或者有人不守规则，往往会伤害股东基于自身利益而固守的心理预期。我国《公司法》已经提供了请求公司回购股份、公司分立、累积投票权、限制控制股东掠夺公司利益等制度，以维护公司的利益和中小股东的利益，但是的确不够，司法解散仍然是必要的。当然，公司在进入正常的运行状态后，一定会与社会利益紧密连接，保持公司的存在毕竟有利于社会，因此无论是股东，还是司法机关，应当慎用此种方式。

在国外公司立法中对解散的原因往往直接区分为自愿解散、行政命令解散和司法解散几大类，并且对每一类解散的事由及形成解散的程序均以列举形式加以规定，如美国《标准公司法》第十四章即如此。英国《公司法》则规定了自动歇业、强制歇业、在法院监督下歇业等。

六、章程约定的解散事由出现时，公司必须解散吗？

公司可以设立，也可以解散，只不过解散可以分为自愿和不自愿两种情况。自愿解散公司也可以分为事先安排和事后协议两种情形。事先安排往往在公司的章程中进行规定，投资公司的股东因为某些特殊的理由约定公司的营业期限，或者约定一些解散事由，当营业期限届满时或者当约定的事由出现时，受到公司章程的约束，公司一般就可以进入解散的程序。本案中设立人约定公司解散的情形随着公司的发展和社会客观环境的变化，股东们的想法也在改变，但因为没有真正出现解散事由，常常也忽略了章程中这样的约定。当解散事由真的发生，公司的麻烦就来了。

公司章程到底有多大的效力呢？公司章程是股东或发起人制定的，是股东之间就公司的组织结构、内部关系和公司业务的开展而制定的基本规则和依据，是公司内部效力最高的规范性文件。只要公司章程不违反法律的规定，都可以发生效力。公司的股东当然可以对公司章程进行修改或者补充。因此，一般来说，公司解散的事由是由公司股东自愿约定并在公司章程中进行规定的，是他们个人意志的表达，只要他们达成意见决定继续运作公司，公司当然可以继续存续下去，这是公司自治的体现。

我国《公司法》明确规定：当公司章程约定的解散事由出现时，公司通过修改公司章程的方式，删除相关解散事由的规定，就可以让公司继续运行下去而无须解散。公司章程是股东意愿的体现，既然股东的意愿发生了变化，这种改变后的意愿自然也需要得到尊重。由于涉及公司章程的修改，因此必须经过特别多数同意才能通过。也就是有限责任公司须经持有2/3以上表决权的股东通过，这是和修改公司章程的表决权要求相一致的。但这里和一般的修改章程的效力不同，通常修改的章程之约束修改后发生的事项，但这里修改解散事由具有溯及既往的效力，因此已经发生的解散事由不能阻碍公司的存续。

但是，因为合作不愉快或是其他原因，不同意公司通过修改章程而继续存在，想要解散公司的股东应该怎么办呢？如果修改章程的决议由特别多数通过，按照资本多数决的原则，少数只能服从多数。不过，如果股东确实不想继续留在公司，那么根据《公司法》的规定，他可以要求公司按照合理价格购买他的股权，如果价格达不成一致的，最后可以请求法院作出判决，这就是所谓的异议股东股票回购权。

七、申报债权期间，清算组有权清偿债权吗？

公司清算是公司解散的必经程序，它的主要目的在于终结公司现存的各种法律关系，了结公司的债权债务、对公司的资产进行清理、处分，最后向登记机关注销登记。清算时公司应依法组成清算组，并且必须履行通知和公告义务，通知债权人向清算组申报债权。解散公司的债权人要实现债权必须先进行申报，申报并经清算组确认的债权是公司资产最后进行分配的重要依据。

2005 年修订后的《公司法》对清算组的公告程序作出了规定：清算组在 60 日内要在报纸上进行公告，一次即可。同时，债权人在接到通知或者在清算组公告后，就要积极申报债权，为了防止债权人拖延申报时间造成清算工作的停滞，《公司法》对申报债权期间作了限制，这一期间为公告后 45 天。在申报债权结束之后，清算组便可以对公司的债权债务进行结算，编制清算方案，这一缩减便缩短了公司清算所需要的时间。

债权人申报程序的一个目的是为了便于清算组统计公司的债务，制订合理的清算方案，在清算方案获得股东会或者人民法院的认可之后，方能够进行债务的清偿。这样的程序能够保证所有的一般债权人都能够得到公平的对待。所以，新《公司法》明确规定，在债权申报期间，清算组不得对任何债权人清偿。如果对个别人提前清偿的话，可能会影响到其他债权人的利益的实现。

如果已经提前清偿的款项无法追回，那么这个责任应该由谁来承担呢？根据《公司法》第一百九十条第三款的规定，清算组成员因故意或者重大过失给公司或债权人造成损失的，应当承担赔偿责任。也就是说，清算组成员因提前清偿个别债权，造成其他债权人的利益受损的，应当承担赔偿责任。

另外，在清算程序中，2005 年修订后《公司法》对旧法的几个修改值得注意：第一，对清算组编制清算方案的审查确任机关由之前的股东或主管机关修改为股东会或人民法院；第二，公司在最后清偿各项债务的顺序安排中，在税收之前又增加了一项法定补偿金，这主要是依据法律法规给予职工的补偿金；第三，明确规定了清算期间，公司具有法人资格，也就是说吊销营业执照也不会导致公司法人资格的丧失。

八、清算中的公司可以继续经营吗？

公司清算是终结公司的法律关系、消灭公司法人资格的程序，在我国，除了合并或者分立导致的公司解散以外，解散公司都要进行清算。公司的清算是一个公司作为市场主体在消灭之前，对各种利益主体进行力所能及的保护的有力措施。

当公司解散事由出现之日起的 15 日之内，必须成立清算组开始清算，有限责任公司的清算组由股东组成，股份有限公司的清算组由董事或者股东大会确定的人员组成。如果公司逾期不组成清算组进行清算的，为了保护债权人的利益，法律赋予债权人可以向人民法院申请由法院指定有关人员组成清算组进行清算的权利。就是说，清算组在公司清算中是必须的组织，若公司不自行组织，人民法院就应该根据债权人的申请及时组织清算组进行清算。

为了对清算组的行为进行监督，《公司法》规定，清算组在清理公司财产、编制资产负债表和财产清单后，应当指定清算方案，并报股东会、股东大会或者人民法院确认。

公司的财产在分配上存在着一定的顺序。首先要支付清算费用，因为清算费用是清算顺利进行的保障。如果支付了清算费用之后，公司财产还有剩余，那么就要被用来支付职工的工资、社会保险费用和法定补偿金。如果支付完这一部分的费用以后还有剩余，则依次要缴纳所欠税款、清偿公司债务，最后才是向股东分配剩余财产。

清算组在清算期间可以行使一些职权，包括清理公司财产，分别编制资产负债表和财产清单；通知、公告债权人；处理与清算有关公司未了结的业务；清缴所欠税款以及清算过程中产生的税款；清理债权、债务；处理公司清偿债务后的剩余财产；代理公司参与民事诉讼活动。但是，公司在此期间不能进行与清算无关的经营活动，如果公司在清算期间开展了与清算无关的经营活动，则要承担相应的行政责任，由公司登记机关予以警告，没收违法所得。

1993 年的《公司法》上有很多没有执行力的规定，虽然法律上为某主体设定了某项义务，但违反这一义务的法律后果却没有进行规定，这就使得法律上的规定沦为了道德上的宣讲，对当事人来说没有什么法律上的约束力，也没有什么违法成本可言，立法的目的也就很难实现。清算公司的经营禁止义务就是这一现象的典型。修订后的《公司法》明确规定了清算期间公司开展与清算无关的经营活动的法律后果，弥补了法律漏洞，其目的可能是为了确保公司财产得以最大限度地保存，而不是被不正当地利用，从而损害债权人的利益。

参考书目

[1] 甘培忠著:《企业与公司法学(第五版)》,北京大学出版社2008年版。

[2] 邓峰著:《普通公司法》,人民大学出版社2009年版。

[3] 施天涛著:《公司法论(第二版)》,法律出版社2006年版。

[4] 赵旭东主编:《公司法学(第二版)》,高等教育出版社2006年版。

[5] 范建主编:《公司法教学案例》,法律出版社2005年版。

[6] 赵万一主编:《新编公司法案例教程》,中国民主法制出版社2008年版。

[7] 梁上上主编:《图解新公司法》,中国水利水电出版社2006年版。

[8] 朱洪超、李大进、谈臻主编《公司法实务操作:原理·规则·适用》,法律出版社2008年版。

后 记

2009 年夏天，中国法学会组织了各个研究会的部分学者在北戴河办学习会，证券法学研究会郭峰会长、吴韬副秘书长和我参加。期间，遇到我的老师曹三明先生，他嘱我参加由他主编的一个出版计划，写一部通俗易懂的关于企业法与公司法的书，类似于《十万个为什么》那样的自然科学杂谈式的科普读物，读者是没有大学学习经历的城乡社会群众。我当时欣然应诺。

按照曹教授的要求，这部 12 万字左右的书稿应当在 2010 年的 3 月完成，但是与我合作的熊静同学在春节期间其电脑出了问题，已然完成的十万多字的写作内容全部丢失，她当时急得直哭。春节后的三月初，我和熊静重新讨论了写作计划，确定了提纲和写作细则要求，另起炉灶开始敲击键盘和思考研磨。这是艰苦备尝的四个月，熊静付出了课余的全部时间，呕心沥血，夜以继日，严格按照我确立的写作纲要和指定的主要参考书目铺陈学术素材，穿插鲜活案例，夹叙夹议，有平铺，有婉叙，既体现了我本人写作的语言风格，也照顾到本书读者群的特殊阅读需求。

企业法学与公司法学本来就是实践性、应用性很强的法学学科，任何人，大凡从事营利性的投资活动，就不能不了解这方面的法律规定，以便核定自己的主体身份与权利边界，知道一些所谓“经商”活动中的重要的法律规则，避免法律上的一些风险。对于进行直接投资或者“炒股”的“商家”而言，法律的学习就是生活的学习，如同探险首先应当储备必要的野外生活知识和进行必要的求生训练一样，不是通过“吃一堑，长一智”的方法就能彻底通晓其中各样的法律关系和法律事实，由法律、法规而提炼出的知识体系不可能由投资者在自身的亲历体验中全面复制到，否则的话他或者她破产一千次也未必能够全部覆盖到投资活动中的各样风险。因此，学习是非常重要的，可以直接学习法律、法规，而阅读本书也许会帮助普通投资者理解到最一般的法律问题。这是本书写作的动机，也是曹三明主编的发轫思想的行动贯彻。

本书的写作，是在我的指导下，熊静同学撰写初稿，由我修改审定的。如果按照署名的事实情形来对待，熊静应当和我联合署名，但是我和熊静应当遵守主编所定的规则。因此，对于熊静而言，在导师的指导下系统地梳理了企业法与公司法这门学科，也是一种收获。她成了无名英雄，至少在我心中是这样。

感谢曹三明教授给我和熊静服务社会的机会，期望读者从本书的阅读中有所获益。

甘培忠

2010 年 10 月